日本人が知りたい

ドイツ人の当たり前

ドイツ語リーディング

鎌田タベア、柳原伸洋 著

SANSHUSHA

はじめに

　本書はずばり、「知っていたつもりが実は知らなかったドイツ」がテーマです。

　昨今、テレビやラジオ、新聞や雑誌、そしてインターネット上で「ドイツ」という単語を見聞きしない日はないでしょう。その内容はさまざまで、食文化やスポーツ、歴史遺産や文化芸術、EUや難民などの政治問題…。

　そんなドイツの「当たり前」って何だろうという素朴な疑問から始まり、その意外な事実に迫ってみたのが本書です。日本と似ているようで、やはり全然違うドイツが浮かび上がるはずです。たとえば、ビール、テレビ、休暇、教育、結婚、歴史、原発、アウトバーン、家族、難民、EU、音楽、映画などの「当たり前」には発見が満ちあふれているでしょう。また、じゃがいも、ラクリッツ、犬、Du（君）とSie（あなた）の使い分け、南北の違いなど、かゆいところにも手が届く事例も扱っています。

　本書を作るにあたっては、著者2人にとっても新発見の連続で、ドイツ人著者にはドイツについての意外な発見、日本人著者には日本について考えさせられる機会が多々ありました。そんな体験をみなさんとも共有できれば嬉しいです。

　本書は、読み物としても、ドイツ語学習書としても楽しめるような欲張り構造です。ドイツ語文は、しっかりした情報に基づきながらも、素朴な疑問や驚きを大切にしました。日本語訳は、各テーマ前半の文章編ではドイツ語にできるだけ忠実に訳しました。単語のヒントもつけましたので、基本的な文法知識だけで読み進めることができます。後半の会話編では、日本語として自然になるように工夫しましたので、まだドイツ語に自信がない方も日本語を中心に読んで楽しむことができます。また、ドイツ語がある程度できる方には、テーマによってどんな会話が可能なのか、より実践的なドイツ語会話の練習になると思います。

　このささやかな本を読み終えたら、自分自身のドイツを発見する旅に出発してください。ドイツは、さらに多くの驚きによって、みなさんを迎えてくれるでしょう！

Wenn Sie dieses kleine Büchlein zu Ende gelesen haben, dann gehen Sie bitte los und entdecken Ihr ganz persönliches Deutschland. Denn Deutschland hält noch viel mehr Überraschungen für jeden Deutschlerner bereit!

鎌田タベア
柳原 伸洋

この本の構成

　日常生活、地理歴史、現代社会、文化芸術、その他の 5 分野から 50 のテーマを選び、100 の質問を挙げています。それぞれ、「記事」と「会話」からなり、章末にはテーマに関するキーワードをまとめました。

記事編

　最初の 2 ページは、ドイツに関してみなさんが関心のあるテーマについてです。単語のヒントがあるので、初めてリーディングにチャレンジする方にも向いています。

思わず読みたくなる質問　　　　　　　　　　ドイツ語がわからなくても楽しめる対訳

読む上でヒントとなる単語のリスト

会話編

次の2ページでは、このテーマでドイツ人と話したらどんな質問が可能か、会話をシミュレーション。会話の展開例は中級者も参考になります。

今さら聞けない質問からいつか聞きたかった質問まで

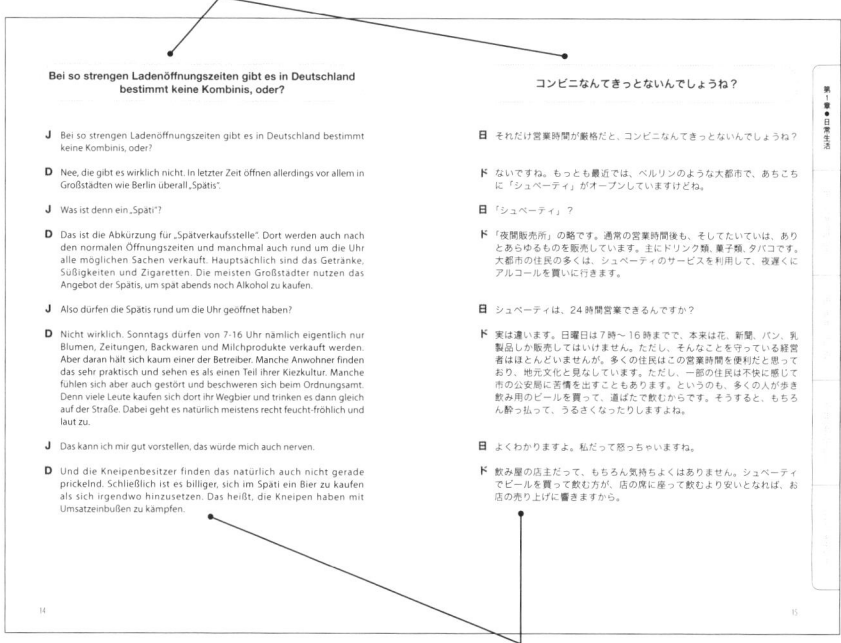

ドイツ人とのコミュニケーションですぐに役立つ会話例

キーワード

各章末に、本書で扱ったテーマに関するキーワードをまとめました。ドイツ文化についてさらに理解が深まります。

5

目次

この本の構成 ……………………………………………………… 4

第1章　日常生活

1　なぜドイツのお店は早く閉まるのですか？ …………………… 12
　　コンビニなんてきっとないんでしょうね？
2　乾杯するときはいつもビールですか？ ………………………… 16
　　ドイツ人の好きなビールブランドは何ですか？
3　最も人気のあるテレビ番組は何ですか？ ……………………… 20
　　ドイツっぽい番組ってありますか？
4　ペットはやっぱり犬派が多いですか？ ………………………… 24
　　賃貸住宅でもペットの制限がないって本当ですか？
5　オクトーバーフェストではどれくらい飲むの？ ……………… 28
　　日本のオクトーバーフェストをどう思いますか？
6　夜は冷たい食事しか食べないって本当？ ……………………… 32
　　ドイツのファストフードチェーンもありますか？
7　風邪のときはどうしますか？ …………………………………… 36
　　医療費は高いですか？
8　休暇に何をしているのでしょうか？ …………………………… 40
　　山と海どっちが好きですか？
9　家でどのように生活していますか？ …………………………… 44
　　家賃はどのくらいですか？
10　クリスマスはどうやって過ごしますか？ ……………………… 48
　　1月6日にツリーを窓から投げ捨てるのはなぜ？
11　ラクリッツはおいしいと思って食べているの？ ……………… 52
　　おすすめのお菓子はありますか？
12　じゃがいも料理ばかりで飽きないの？ ………………………… 56
　　日本のじゃがいもとどう違うの？
13　キッチンがいつもきれいなのはなぜ？ ………………………… 60
　　ドイツの標準的なキッチンはどんな感じ？

14 どうやって Du と Sie を使い分けるのですか？ ･････････････････ 64
　　 Du を使いたいときはどうすればいい？
15 ドイツならではの教育方法ってありますか？ ･････････････････ 68
　　 ドイツにも早期教育ってありますか？
16 ドイツの結婚式はどんな感じですか？ ･･････････････････････ 72
　　 なぜ教会で結婚する人は少なくなっているのですか？
17 大晦日には何をするの？ ････････････････････････････････ 76
　　 年越しはどの街で過ごすのがいいのかな？
18 どれくらいのベジタリアンがいるのかな？ ･････････････････ 80
　　 どうやってベジタリアンかどうかわかるのかな？

　キーワード① ･･･ 84

第2章　地理歴史

19 ドイツで人気のある歴史上の人物は誰ですか？ ･････････････ 86
　　 メルヘン王・ルートヴィヒ2世は人気がありますか？
20 ドイツからのおみやげには何がいいですか？ ････････････････ 90
　　 日本のおみやげで人気なものは？
21 どのような世界遺産がありますか？ ････････････････････････ 94
　　 次の世界遺産の候補はどこですか？
22 ドイツで四季を感じさせるものはありますか？ ･････････････ 98
　　 ドイツ人の好きな季節はいつですか？
23 ドイツには民族衣装はありますか？ ････････････････････････ 102
　　 ドイツ人は着物についてどう思ってるの？
24 ドイツではどんな場所を訪れるべきでしょうか？ ･･･････････ 106
　　 日本人がめったに行かないようなところを教えて。
25 地震のような自然災害はありますか？ ･･････････････････････ 110
　　 最近で一番大きかった自然災害は何ですか？
26 統一についてどのように考えていますか？ ････････････････ 114
　　 東ドイツのものはすべて消滅してしまったんですか？

27 北部と南部の違いは大きいですか？ ………………………… 118
　　北ドイツと南ドイツの境はどこですか？
　キーワード② ……………………………………………… 122

第3章　現代社会

28 子どもの進路が早く決まるというのは本当？ ……………… 124
　　シュタイナー学校って何ですか？
29 環境保護のためにどんなことをしていますか？ …………… 128
　　ドイツ人がエコのためにやっていることは何ですか？
30 ワーク・ライフ・バランスはどうなっていますか？ ……… 132
　　ドイツ人は残業しますか？
31 自動車産業のほかにどんな産業があるの？ ………………… 136
　　どうしたらドイツ企業で働けるの？
32 原発なしで本当にうまくやっていけるのですか？ ………… 140
　　チェルノブイリ原発事故の影響はいまだにあるの？
33 アウトバーンを運転するのは危なくないですか？ ………… 144
　　アウトバーンに渋滞はありますか？
34 ドイツ人は教会に行きますか？ ……………………………… 148
　　宗教的対立はないのですか？
35 ドイツの女性はそんなに強いのですか？ …………………… 152
　　男女同権のためにどんな政策がとられていますか？
36 第二次世界大戦についてどのように習いますか？ ………… 156
　　第二次世界大戦について何歳から習うのですか？
37 LGBTの権利とはどのようなものですか？ ………………… 160
　　パッチワーク家族って何ですか？
38 極右勢力の動向はどうなっていますか？　………………… 164
　　右傾化は新しいドイツの現象ですか？
39 大量の移民によって問題はありせんか？ …………………… 168
　　ドイツは難民をどのくらい受け入れているのですか？

40 EUにおけるドイツの役割は？ ･･････････････････････････････ 172
　　英国のEU離脱はドイツ人には驚きでしたか？
41 隣国との関係はどうですか？ ････････････････････････････････ 176
　　ポーランドとの関係はどうですか？
　キーワード③ ･･ 180

第4章　文化芸術

42 どのようなスポーツに人気がありますか？ ････････････････････ 184
　　スポーツしているのにどうして太りすぎの人が多いの？
43 どうしてサッカーがあんなに強いの？ ････････････････････････ 188
　　なぜ多くの日本人がブンデスリーガでプレーしているの？
44 どのようなドイツ映画がありますか？ ････････････････････････ 192
　　日本を舞台にしたドイツ映画もありますか？
45 どんなバンドが注目されていますか？ ････････････････････････ 196
　　英語で歌って成功しているバンドは何ですか？
46 ドイツ人が映画で悪役になることをどう思う？ ･･････････････ 200
　　日本人はドイツ映画の中ではどう描かれていますか？
47 最も有名なオペラ劇場やオーケストラは？ ･･････････････････ 204
　　ドイツ人の好きなオペラって何ですか？
　キーワード④ ･･ 208

第5章　その他

48 ドイツ人は日本に興味がありますか？ ･･････････････････････ 210
　　マンガ以外に読まれている日本文学はありますか？
49 標準的なドイツ語が話されているのはどこ？ ････････････････ 214
　　ドイツ人はお互い方言で話して理解できますか？
50 ドイツ以外でドイツ語が話されている国は？ ････････････････ 218
　　今でもドイツ語を勉強することは意味がありますか？
　キーワード⑤ ･･ 222

日常生活

第1章

Alltagsleben

01 なぜドイツのお店は早く閉まるのですか？
Warum machen die Läden in Deutschland so früh zu?

1956 wurde in Westdeutschland das sogenannte „Gesetz über den Ladenschluss" (oft auch einfach „Ladenschlussgesetz" genannt) verabschiedet. Es regelte die Öffnungszeiten aller Geschäfte in Deutschland und sollte zum Schutz der Arbeitnehmer dienen. Der Sonntag ist im christlichen Glauben ein Ruhetag und auch der Tag des wöchentlichen Gottesdienstes. Laut diesem Gesetz durften Geschäfte von Montag bis Freitag nur von 7 Uhr bis 18.30 Uhr und am Samstag bis 14 Uhr öffnen. An Sonn- und Feiertagen durfte nicht gearbeitet werden. Es gab jedoch auch einige Ausnahmeregelungen, z.B. für Tankstellen, Restaurants, Bäckereien, Blumen- und Zeitschriftenläden, Flughäfen und Apotheken.

Seit den 90er Jahren wurde das Gesetz Stück für Stück gelockert, z.B. durch eine Verlängerung der Öffnungszeiten bis 20 Uhr. Im Zuge der Föderalismusreform wurde die Zuständigkeit an die jeweiligen Bundesländer übergeben. Seitdem hat jedes Bundesland das Gesetz an die Bedürfnisse seiner Einwohner angepasst. In vielen Bundesländern gibt es nun an fünf oder sechs Tagen die Woche keine Beschränkungen mehr. In anderen Bundesländern, z.B. in Bayern und im Saarland gibt es allerdings weiterhin die Regelung, dass man nur von 6-20 Uhr seinen Laden öffnen darf. Andere Bundesländer wie Baden-Württemberg verbieten den Alkoholverkauf nach 22 Uhr.

Hintergrund dieser Gesetzesänderung ist die Änderung sozialer und gesellschaftlicher Strukturen. Es gibt kaum noch Vollzeithausfrauen und mehr Menschen mit flexiblen Arbeitszeiten. An Sonntagen ist es jedoch weiterhin in allen Bundesländern nur an wenigen Ausnahmen im Jahr gestattet einzukaufen, was eine Mehrheit der Deutschen befürwortet.

1956年に、西ドイツではいわゆる「閉店に関する法」（簡略化して「閉店法」とも呼ばれます）が可決されました。同法は、ドイツの全商店の営業時間を定めて、労働者を守るためのものでした。キリスト教では、日曜が安息日であり、毎週の礼拝日でもあります。この法律では、月曜から金曜の7時から18時半まで、そして土曜は14時までに限り営業してよいとされていました。日曜・祝日は休みにしなければなりませんでした。しかし、いくつかの例外がありました。たとえば、ガソリンスタンド、レストラン、パン屋、花屋や雑誌・新聞の売店、空港そして薬局です。

　1990年代以降、この法律は徐々に緩められてきました。たとえば、20時までの営業延長などによってです。連邦制改革の流れの中で、権限は各州に委ねられていきました。以降、各連邦州は住民の要求に法を合わせるようになってきました。今や多くの州では、週5日あるいは6日間に関して営業時間の規制がありません。ただし、バイエルン州やザールラント州では引き続き、6時から20時までしか店を開けてはいけないという規則が残っています。バーデン・ヴュルテンベルクなどの州では22時以降のアルコール販売は禁止されています。

　この法改正の背景は、社会構造の変化です。専業主婦はもはやほとんどいませんし、フレックスタイムで働く人々が増えているのです。しかし日曜に関しては、年間少しの例外しかいまだに買い物が許されていませんが、ドイツ人の大半はこれに賛成しています。

verabschieden	可決する
laut	〜によれば
Stück für Stück	少しずつ
im Zuge	〜の過程で
Föderalismusreform	連邦制度改革
Zuständigkeit	権限
gestatten	許可する

> **Bei so strengen Ladenöffnungszeiten gibt es in Deutschland bestimmt keine Kombinis, oder?**

J Bei so strengen Ladenöffnungszeiten gibt es in Deutschland bestimmt keine Kombinis, oder?

D Nee, die gibt es wirklich nicht. In letzter Zeit öffnen allerdings vor allem in Großstädten wie Berlin überall „Spätis".

J Was ist denn ein „Späti"?

D Das ist die Abkürzung für „Spätverkaufsstelle". Dort werden auch nach den normalen Öffnungszeiten und manchmal auch rund um die Uhr alle möglichen Sachen verkauft. Hauptsächlich sind das Getränke, Süßigkeiten und Zigaretten. Die meisten Großstädter nutzen das Angebot der Spätis, um spät abends noch Alkohol zu kaufen.

J Also dürfen die Spätis rund um die Uhr geöffnet haben?

D Nicht wirklich. Sonntags dürfen von 7-16 Uhr nämlich eigentlich nur Blumen, Zeitungen, Backwaren und Milchprodukte verkauft werden. Aber daran hält sich kaum einer der Betreiber. Manche Anwohner finden das sehr praktisch und sehen es als einen Teil ihrer Kiezkultur. Manche fühlen sich aber auch gestört und beschweren sich beim Ordnungsamt. Denn viele Leute kaufen sich dort ihr Wegbier und trinken es dann gleich auf der Straße. Dabei geht es natürlich meistens recht feucht-fröhlich und laut zu.

J Das kann ich mir gut vorstellen, das würde mich auch nerven.

D Und die Kneipenbesitzer finden das natürlich auch nicht gerade prickelnd. Schließlich ist es billiger, sich im Späti ein Bier zu kaufen als sich irgendwo hinzusetzen. Das heißt, die Kneipen haben mit Umsatzeinbußen zu kämpfen.

コンビニなんてきっとないんでしょうね？

日 それだけ営業時間が厳格だと、コンビニなんてきっとないんでしょうね？

ド ないですね。もっとも最近では、ベルリンのような大都市で、あちこちに「シュペーティ」がオープンしていますけどね。

日 「シュペーティ」？

ド 「夜間販売所」の略です。通常の営業時間後も、そしてたいていは、ありとあらゆるものを販売しています。主にドリンク類、菓子類、タバコです。大都市の住民の多くは、シュペーティのサービスを利用して、夜遅くにアルコールを買いに行きます。

日 シュペーティは、24時間営業できるんですか？

ド 実は違います。日曜日は7時〜16時までで、本来は花、新聞、パン、乳製品しか販売してはいけません。ただし、そんなことを守っている経営者はほとんどいませんが。多くの住民はこの営業時間を便利だと思っており、地元文化と見なしています。ただし、一部の住民は不快に感じて市の公安局に苦情を出すこともあります。というのも、多くの人が歩き飲み用のビールを買って、道ばたで飲むからです。そうすると、もちろん酔っ払って、うるさくなったりしますよね。

日 よくわかりますよ。私だって怒っちゃいますね。

ド 飲み屋の店主だって、もちろん気持ちよくはありません。シュペーティでビールを買って飲む方が、店の席に座って飲むより安いとなれば、お店の売り上げに響きますから。

02 乾杯するときはいつもビールですか？
Stoßen die Deutschen wirklich immer mit Bier an?

Bier ist in Deutschland ohne Frage das beliebteste alkoholische Getränk. Der Konsum ist zwar in den letzten Jahren zurückgegangen, doch er liegt immer noch bei jährlich über 100 Litern pro Kopf – das ist doppelt so viel wie in Japan. Allerdings ist es nicht wie in Japan üblich, dass alle in einer Trinkrunde zuerst zum Anstoßen ein Bier bestellen – jeder bestellt von Anfang an einfach das, was er oder sie trinken möchte. Oft bestellt man jedoch erst Bier und dann Wein, gemäß dem Sprichwort: „Bier auf Wein, das lass sein - Wein auf Bier, das lob' ich mir".

Beim Anstoßen ist es wichtig, seinem Gegenüber in die Augen zu schauen. Es heißt, dass man sieben Jahre Unglück hat, wenn man sich nicht in die Augen schaut. Die Höhe des Glases spielt übrigens keine Rolle und man trinkt nur sein eigenes Getränk, ohne seinem Sitznachbarn etwas einzugießen.

In Deutschland gibt es eine große Anzahl an Trinksprüchen. Wenn man sich zuprostet, kann man natürlich einfach „Prost" oder „Prosit" sagen, aber gerade wenn man Wein trinkt, ist „Zum Wohl" ebenfalls sehr verbreitet. Bei Geburtstagen, Hochzeiten oder ähnlichen feierlichen Anlässen fügt man häufig noch Wünsche wie „Auf das Geburtstagskind!" oder „Auf das Brautpaar!" hinzu.

Neben Bier erfreuen sich auch Wein und Sekt großer Beliebtheit. Während man hochprozentige Spirituosen erst ab 18 Jahren kaufen kann, liegt das Mindestalter dieser drei bei 16 Jahren. In Begleitung der Eltern ist auch ein Konsum mit 14 oder 15 Jahren erlaubt. Unter Jugendlichen waren süßliche Mischgetränke namens „Alkopops" eine Zeit lang sehr beliebt. Da es immer wieder zu Alkoholvergiftungen kam, gibt es in Deutschland kaum noch All-you-can-drink-Partys und in manchen Bundesländern wie Baden-Württemberg sind sie sogar verboten.

ビールは、ドイツにおいて疑問の余地なく最も愛されているアルコール飲料です。その消費量は、過去数年では落ち込んできていますが、しかし今でも1人あたり年間100リットルを超えています。これは日本人のビール消費量の2倍にあたります。もっとも日本のように、最初の1杯でみんながそろって乾杯するためにビールを頼むということは一般的ではありません。つまり、最初から単に彼・彼女の飲みたいものを注文するわけです。けれども、最初はビール、その後にワインという注文をする人が多いです。これは「ワインの後のビールはやめておけ。ワインはビールの後に限る」ということわざ通りの行為なのです。

　乾杯の際には、相手の目を見ることが大切です。もし目を見ないと、向こう7年間は不幸が訪れるとされています。ほかには、グラスを上げる高さは重要ではありません。隣の席の人に注ぐこともしません。つまり、自分の飲み物だけを飲むのです。

　ドイツでは、乾杯のかけ声が多数あります。ビールで「乾杯」の場合、単に「プロースト」あるいは「プロージット」と言いますが、ワインを飲む場合には、「ツム・ヴォール」も一般的です。誕生日、結婚式もしくはそれと同様のお祝いの際には、（乾杯に続けて）「誕生日を迎えた人へ！」や「新婚カップルに！」などと幸せを祈る言葉を添えます。

　ビールに次いで、ワインやスパークリングワインもまた人気があります。よりアルコール度数の高いスピリッツは、18歳以上にならないと買えないのに対して、ビール、ワイン、シャンパンは16歳を最低飲酒年齢としています。両親が一緒であれば、14歳や15歳でもそれらを飲むことも許可されています。若者の間ではここ数年「アルコポップス」と呼ばれるカクテル類が人気でした。よくアルコール中毒の問題が取り沙汰されてきましたので、ドイツではほとんど「飲み放題パーティー」は行われませんし、バーデン・ヴュルテンベルク州のように禁止されている州もあります。

pro Kopf	1人あたり
von Anfang an	初めから
Sprichwort	ことわざ
Anzahl an	〜の数
sich großer Beliebtheit erfreuen	たいへん人気がある

> **Welches ist denn die Lieblingsbiermarke der Deutschen?**

J Welches ist denn die Lieblingsbiermarke der Deutschen?

D Wenn man nach dem Pro-Kopf-Verbrauch geht, ist es die Billigmarke „Oettinger". Das liegt vermutlich aber nicht hauptsächlich am Geschmack, sondern eher am Preis. Ein Kasten Bier mit 20 Flaschen (mit je einem halben Liter Bier) gibt es durchschnittlich für 6-7 Euro.

J Das ist ja günstiger als Wasser!

D Das nicht unbedingt, aber es ist schon ziemlich preiswert. Andere beliebte Marken sind zum Beispiel Krombacher, Bitburger, Beck's oder Warsteiner. Der Konkurrenzkampf ist hart – schließlich gibt es angeblich über 5.000 Sorten Bier in Deutschland. Dazu gehören auch solche mit sehr markantem Geschmack wie das Rauchbier oder süßere Sorten wie die mit Sirup gemischte „Berliner Weiße". Doch nicht alle Biersorten sind nach dem seit 1516 geltenden Reinheitsgebot gebraut.

J Das Reinheitsgebot besagt doch, dass man nur Hopfen, Malz, Hefe und Wasser für die Herstellung von Bier verwenden darf, oder?

D Genau. Aber da die Deutschen inzwischen nicht mehr so viel Bier trinken wie früher, müssen sich die Hersteller immer neue Ideen einfallen lassen, um den Verkauf anzukurbeln. Daher gibt es jetzt auch Produkte, die man sich früher nie hätte vorstellen können, wie zum Beispiel „Biershampoo". Außerdem kann man in manchen Großstädten mit dem „Biertaxi" fahren. Man mietet als Gruppe einen großen Wagen, auf dem man während der Fahrt Bier trinken kann, aber der sich nur fortbewegt, wenn man in die Pedale tritt.

J Aber dann fährt man ja betrunken!?

D Nein, es gibt einen Fahrer, der nicht trinken darf. Aber für den Rest der Teilnehmer ist es ein riesiger Spaß!

ドイツ人の好きなビールブランドは何ですか？

日 ドイツ人の好きなビールブランドは何ですか？

ド 1人あたりの消費量でいうなら、エッティンガーですね。でもこれは、味だけでなく価格のおかげだと思います。500mlの20本1ケースがだいたい6〜7ユーロですから。

日 水より安い！

ド そういうわけではないですけども、ビールはかなり安いです。ほかには、クロムバッハー、ビットブルガー、ベックスやヴァルシュタイナーが好んで飲まれています。競争は激しく、ドイツには5000ものブランドがあるといわれています。その中には、独特の味わいの薫製ビールやシロップを混ぜる「ベルリーナーヴァイセ」のような甘い種類もあります。すべてのビールが1516年に定められた純粋令に基づいて造られているわけではないのです。

日 純粋令というと、ビール醸造にはホップ、麦芽、酵母そして水しか使ってはならないというあれですね。

ド そうです。でも、ドイツ人もかつてほどビールを飲まなくなったので、メーカーは売れるように新しいことを考え出さなければなりません。そこで、以前では考えもつかなかった「ビールシャンプー」のような商品が出てくるようになりました。さらに、大都市では「ビールタクシー」もお目見えしました。グループで車を貸し切り、走りながらビールを飲めるんですが、自分でペダルを漕がなければなりません。

日 酔っぱらって運転するんですか？

ド いいえ、飲んではならない運転手が別にいるんです。でも、運転手以外の人にとってはとても楽しいですよ！

03 最も人気のあるテレビ番組は何ですか？
Was sind die beliebtesten Fernsehserien in Deutschland?

Fernsehen gehört in Deutschland ebenso wie in Japan zu den Leitmedien. Im Durchschnitt schauen Deutsche jeden Tag fast vier Stunden fern, also ungefähr genauso viel wie die Japaner. Es gibt neun regionale öffentlich-rechtliche Rundfunkanstalten, die größtenteils durch den „ARD ZDF Deutschlandradio Beitragsservice" (früher eingezogen von der GEZ) finanziert werden und viele Privatsender, deren Haupteinnahmequelle Werbeeinahmen sind.

Die Nachrichtensendung mit den höchsten Einschaltquoten ist unangefochten die „Tagesschau" ab 20 Uhr auf ARD. Auch das „heute-journal" (ab 21.45 Uhr) und „heute" (19 Uhr) im ZDF erfreuen sich großer Beliebtheit, vor allem bei der älteren Generation.

Jugendliche schauen laut einer Umfrage am liebsten US-amerikanische Serien. Als einzige nicht-amerikanische Produktion hat es das Informationsmagazin „Galileo" in die Top 5 der Jugendlichen geschafft. Für Kinder gibt es einen eigenen Fernsehkanal namens KiKa („Kinderkanal"), auf dem jeden Tag von 6-21 Uhr viele Sendungen für das junge Publikum laufen.

Jeden Sonntag abend ist es für viele Deutsche schon fast eine Tradition, die Krimiserie „Tatort" zu schauen. Der erste „Tatort" lief bereits 1970 und auch heute schalten durchschnittlich rund 10 Million Deutsche ein. Auch die Quizshow „Wer wird Millionär?" hat Kultstatus.

In den letzten Jahren liegen Castingshows wie „Germanys Next Topmodel" sehr im Trend. Außerdem gibt es noch Sendungen wie „Bauer sucht Frau" (eine Kuppelsendung für alleinstehende Bauern) und „Das Dschungelcamp" (in der B-Promis verschiedene Prüfungen in der Natur zu bestehen haben). Sie sind immer wieder Gesprächsthema, doch die Meinungen bezüglich dieser Sendeformate gehen sehr weit auseinander.

日本と同じように、ドイツでもテレビは主要なメディアです。ドイツ人は日本人とほぼ同様、1日平均で4時間近くテレビを見ています。9つの地方の公共放送局があり、それらは「ARD ZDF ドイチュラントラジオ視聴料サービス」（かつては GEZ によって徴収されていた）によって、その大部分は賄われています。そして、多くの民放もあり、これらの主要な財源は広告収入です。

　最高視聴率を誇るニュース番組は、異論の余地なく 20 時から ARD で放送されている「タ―ゲスシャウ」です。ZDF（ドイツ第 2 テレビ放送局）の「ホイテ・ジャーナル」（21 時 45 分）と「ホイテ」（19 時）も、とくに高齢者世代には人気があります。

　あるアンケートによると、若者たちはアメリカのドラマシリーズを好んで見るということです。唯一のアメリカの番組ではないものとして、情報番組「ガリレオ」がトップ 5 にランクインしています。子どもたちには、KiKa（「子どもチャンネル」の略称）という特別の放送局があり、毎日 6 時から 21 時まで、若い視聴者たちに向けてたくさんの番組を提供しています。

　毎週日曜日の夜、サスペンスドラマ・シリーズ「タートオルト（犯罪現場）」を見ることが、多くのドイツ人にとってもはや習慣となっています。「タートオルト」の初回放送は 1970 年のことで、今日、平均して約 1000 万人のドイツ人が同番組を視聴しています。ほかに、クイズ番組「ミリオネア」もまたカルト的な地位を築いています。

　ここ数年は、「ドイツのネクスト・トップモデル」などのスター発掘番組がとても流行っています。ほかにもまだ、「農家の嫁探し」（独身農民のためのカップル探し番組）や「ザ・ジャングルキャンプ」（B 級有名人が自然の中でさまざまな試練を受けるという番組）です。幾度となく話題にのぼりますが、これらの番組に関しては意見が大きく分かれています。

Leitmedium	主要メディア
Rundfunkgebühr	受信料
Einschaltquote	視聴率
Kultstatus	カルト的地位
im Trend	流行っている
auseinandergehen	意見が分かれる

> **Was gibt es sonst noch so für typisch deutsche Sendungen?**

J Zu welcher Sendung gehört denn eigentlich diese orangene Maus?

D Ahh, du meinst bestimmt die „Sendung mit der Maus".

J Genau! Die ist ja auch in Japan recht bekannt unter Deutschlandfans. Worum geht es bei dieser Sendung eigentlich?

D Das ist eine Sendung für Kinder, bei der in dreißig Minuten in kurzen Clips hintereinander interessante Fakten aus allen möglichen Ländern und Wissensbereichen leicht verständlich vorgestellt werden. Wie gesagt, eigentlich ist es ein Format für Kinder, aber auch viele Erwachsene schalten jeden Sonntagmittag ein.

J Und was gibt es sonst noch so für typisch deutsche Sendungen?

D Zum Beispiel die vielen Schlagersendungen auf den öffentlich-rechtlichen Sendern. Das guckt sich zwar kaum jemand von den jüngeren Deutschen an, aber bei der älteren Generation sind sie wahnsinnig beliebt.

J Das würde ich mir ja gern mal angucken.

D Kannst du auch! Zwar kann man im Ausland nicht alles angucken, aber es gibt Sendungen, die man online sehen kann. Such doch einfach mal nach „ZDF Livestream" im Internet – das wird ganz legal vom ZDF selbst angeboten.

J Das ist ja toll! Danke für den Tipp!

D Ja, das ZDF versucht das Internet nicht als Rivalen anzusehen, sondern seine Inhalte über das Medium zur Verfügung zu stellen, was immer mehr Leute nutzen. Ich find das auch total super!

ドイツっぽい番組ってありますか？

日　オレンジ色のネズミが出てくるのは何の番組でしたっけ？

ド　ああ、「マウスといっしょ」のことですね。

日　そう！　日本でもドイツファンの間で人気です。実際はどんな番組なんですか？

ド　30分の子ども番組で、世界中のあらゆる分野の興味深い事柄がわかりやすくクリップにまとめられています。子ども番組ですが、多くの大人たちも日曜日の午後に視聴しています。

日　ほかにドイツっぽい番組ってありますか？

ド　たとえば、公共放送で流される数多くの歌謡番組です。若い人はほとんど見向きもしませんが、お年寄りに愛され続けています。

日　一度見てみたいですね。

ド　見てみるといいですよ！　ドイツの国外ではすべての番組を見られるわけではないですが、オンラインで見られるものもあります。「ZDF Livestream」で検索してみて。ZDFが公式に提供しているものです。

日　それはいいね！　情報ありがとう！

ド　ZDFはインターネットをライバルとして見るのでなく、より多く人々が日頃使うメディアには分け隔てなく番組を提供しようとしています。すごくいいことだと思います。

04 ペットはやっぱり犬派が多いですか？
Sind Hunde wirklich die Lieblingshaustiere der Deutschen?

Statistisch gesehen leben viel mehr Katzen als Hunde in deutschen Haushalten, nämlich fast 12 Millionen Katzen und nur ca. 7 Millionen Hunde. Doch bei Umfragen schneidet der Hund als Lieblingstier meist besser ab als die Katze. Es gibt viele mögliche Gründe, warum trotzdem mehr Katzen als Hunde gehalten werden. Hier ist zum einen der finanzielle Aspekt zu nennen, denn im Gegensatz zu Katzen müssen für Hunde Steuern bezahlt werden. Der Steuersatz der Hundesteuer variiert je nach Bundesland und Gemeinde. Besonders teuer sind Kampfhunde (also Hunderassen wie Rottweiler oder Pitbull), für die man je nach Stadt bis zu 1.000 Euro pro Jahr bezahlen muss. Blindenhunde sind übrigens von der Steuer befreit.

Außerdem macht ein Hund natürlich mehr Aufwand – denn für die meisten Deutschen ist es ein Muss, mindestens drei Mal pro Tag mit ihrem Hund Gassi zu gehen. Alles andere wird als Tierquälerei angesehen, da (besonders große) Hunde viel Auslauf brauchen. Wer also Vollzeit arbeitet, kann sich meistens keinen Hund halten.

Für Kinder werden oft Kleintiere wie Kaninchen, Meerschweinchen oder Hamster gekauft. Die Kinder sollen lernen, wie es ist, Verantwortung für ein Lebewesen zu tragen. Es gibt in Deutschland über drei Millionen Haushalte, in denen solche Nagetiere gehalten werden. Aber auch Wellensittiche und Fische erfreuen sich großer Beliebtheit.

Für viele junge Mädchen ist es ein großer Traum, einmal selbst ein Pferd zu besitzen. Doch da sich das nur die wenigsten leisten können, nehmen sie als Alternative Reitstunden auf einem nahegelegenen Pferdegestüt und übernehmen dort auch die Pflege für ein bestimmtes Pferd. Es gibt zahlreiche Pferdezeitschriften speziell für junge Mädchen zwischen 8 und 17 Jahren, die aus Comics, Reportagen und Postern bestehen.

統計的には、ドイツの家庭では犬よりも猫のほうがより多く飼われています。ほぼ1200万匹の猫に対し、犬は700万匹にすぎません。しかしアンケートでは、猫よりもたいていは犬のほうが人気のあるペットとされています。それにもかかわらず犬よりも猫のほうが多く飼われているのには、さまざまな可能性が考えられるでしょう。ひとつには、経済的な理由が挙げられます。というのも猫に対して犬には税金支払いが課せられるからです。犬税の税規定は州や自治体によってさまざまです。とりわけ高いのが、闘犬（つまり、ロットワイラーやピットブルのような種）で、都市にもよりますが年間1000ユーロくらいまで支払わねばなりません。ただし盲導犬は課税対象外です。

　当然、それ以外にも犬は手間がかかります。というのも、ドイツ人にとってやむをえない義務、すなわち少なくとも1日3回は犬を散歩に連れていかねばならないからです。（とくに大型の）犬はかなりの散歩を必要としますし、そうしないと動物虐待と見なされてしまいます。つまりフルタイムで働いている人は、とても犬なんて飼うことはできないのです。

　子どもたちには、小動物が買い与えられることが多いです。たとえば、ウサギ、モルモットやハムスターなどです。子どもたちは生きものに対する責任について学ぶことになります。ドイツでは300万世帯以上が、リスやネズミなどのげっ歯類を飼っています。しかし、インコや魚などもとても人気です。

　多くの女の子は、いつか自分の馬を飼いたいという夢を持っています。しかし、その夢を叶えられる人はごくわずかなので、その代わりに近くの牧場へ乗馬に行き、そこでお気に入りの馬の世話もします。とくに8歳から17歳の女の子を対象とした馬雑誌があって、マンガやレポートが掲載され、そしてポスターが付録に入っています。

Hundesteuer	犬税
Kampfhund	闘犬
Rottweiler	ロットワイラー（南ドイツの牧羊犬）
Pitbull	ピットブル
Blindenhund	盲導犬
Gassi gehen	犬と一緒に散歩に行く
Tierquälerei	動物虐待
Nagetiere	げっ歯類
Pferdegestüt	厩（うまや）

> **Gibt es in Deutschland denn keine Beschränkungen oder Verbote von Haustieren für Mieter?**

J Die Deutschen scheinen Haustiere ja wirklich zu mögen. Gibt es in Deutschland denn keine Beschränkungen oder Verbote von Haustieren für Mieter?

D Nee, die Haltung von Haustieren darf gesetzlich nicht verboten werden. In Japan steht in den Mietverträgen ja oft drin, dass Tiere nicht erlaubt sind, aber in Deutschland darf man jedes Haustier halten. Falls allerdings die Katze die Tapete zerkratzt oder der Hund das Laminat beschädigt, bekommt man am Ende seines Mietverhältnisses die Kaution nicht zurück oder muss sogar noch etwas draufzahlen.

J Also könnte man theoretisch auch ein Krokodil halten?

D Nein, das natürlich nicht! Schließlich verbietet das Tierschutzgesetz die Haltung exotischer Tiere, die unter die Gefahrtierverordnung fallen. In Deutschland gibt es ziemlich viele Tierschützer, die sich aktiv für die Rechte der Tiere einsetzen. Sie versuchen gegen Massentierhaltung und Tierversuche vorzugehen. Übrigens empfinden sehr viele Deutsche die japanischen Tierläden als eine Zumutung für die dort zum Verkauf angebotenen Haustiere. Sie haben zu wenig Platz, leben nicht artgerecht und das grelle Licht ist zu unnatürlich für ihre Augen. Hier könnte man definitiv noch nachbessern. In Deutschland wäre das jedenfalls undenkbar.

賃貸住宅でもペットの制限がないって本当ですか？

日 ドイツ人は、本当にペットが好きなんだね。賃貸住宅でもペットに制限がかかっていたり、禁止されていたりしていないの？

ド 法律でペットの飼育を制限してはいけないことになっているんだ。日本では、賃貸契約で動物を飼ってはいけないと書かれていることが多いけど、ドイツでは何でも飼っていいんだよ。ただし、猫が壁紙を引っ掻いたり、犬が床を傷つけたら、退去するときに敷金が返ってこないか、または追加で払わねばならないけどね。

日 じゃあ、たとえばワニなんかも飼っていいのかな？

ド それは、ダメだよ！　動物保護法があって、そのような危険動物に指定されている外国の動物の飼育を禁止しているんだ。実はドイツには、かなり多くの動物保護団体があり、動物の権利のために活動しているね。彼らは大量飼育や動物実験の禁止を働きかけているよ。ところで、ドイツ人の多くは日本のペットショップに行くと、そこで販売用に展示されていることが、ペットにとって堪えがたいものだと思ってしまうんだ。狭いし、動物本来の生き方ができないし、ぎらぎらした人工の光は目にもよくない。根本的に改善したほうがいいと思う。ドイツでは考えられないことだよ。

05 オクトーバーフェストではどれくらい飲むの？
Wie viel wird so auf dem Oktoberfest getrunken?

Jedes Jahr von Ende September bis Anfang Oktober findet über 16 Tage hinweg das Oktoberfest in München statt. Das häufig auch als „größtes Volksfest der Welt" bezeichnete Großevent wird seit über 200 Jahren jedes Jahr auf der 42 Hektar großen Theresienwiese gefeiert. Es können ungefähr 120.000 Menschen gleichzeitig in den großen Bierzelten sitzen.

Vor 200 Jahren hatte das Oktoberfest zwar noch nicht die Ausmaße, die es heute hat, aber es war dennoch eine für damalige Verhältnisse unglaubliche Großveranstaltung. Das erste Oktoberfest wurde 1810 anlässlich der Hochzeitsfeier zwischen Kronprinz Ludwig und Prinzessin Therese veranstaltet. Am 12. Oktober fand die Trauung der beiden statt, worauf fünf Tage lang ein rauschendes Fest gefeiert wurde. Am 17. Oktober schließlich folgte der krönende Abschluss in Form eines Pferderennens. Dieses wurde an dem Ort ausgetragen, wo heute die Zelte aufgebaut sind und der zu Ehren der Braut seinen heutigen Namen „Theresienwiese" erhielt.

Heutzutage wird auf den „Wies'n" zwar nicht mehr so viel getrunken wie in den letzten Jahrzehnten, doch im Jahr 2015 tranken die ca. sechs Millionen Besucher immerhin noch 7,5 Millionen Liter Bier. Möglicherweise ist der Bierpreis ein Grund dafür. Der ist nämlich in den letzten zehn Jahren von rund sieben Euro auf rund zehn Euro pro Maß (= 1 Liter Bier) gestiegen.

Im angetrunkenen Zustand kommt es nicht selten zu handgreiflichen Auseinandersetzungen und Verschmutzungen des Veranstaltungsortes. Um letzteres zu verhindern, werden insgesamt fast 1.000 Toiletten bereitgestellt. Außerdem gibt es für die überwiegend männlichen Besucher zusätzlich noch Pissoirs, die nebeneinander gereiht eine Länge von über 800 Metern haben. Normalerweise muss man in Deutschland für die Toilettenbenutzung fast immer bezahlen, hier ist sie jedoch kostenlos.

毎年、9月末から10月初旬の16日間にわたって、ミュンヘンでオクトーバーフェストが開催されます。しばしば「世界最大の祭典」とも呼ばれる、この巨大イベントはすでに200年以上もの間、毎年、42ヘクタールの広大なテレージエンヴィーゼ（テレーゼ緑地）で行われています。ビールを飲むための巨大テントは、およそ12万人を収容することができます。

　200年前にオクトーバーフェストは今ほどの規模ではありませんでしたが、当時でも信じられないほどの大きな催し物でした。最初のオクトーバーフェストは、1810年にルートヴィヒ王子とテレーゼ王女の結婚式典をきっかけとして開催されました。10月12日に、二人の結婚式が挙行され、華々しく5日間にわたり祝われました。そして10月17日に最後を飾る競馬によって締めくくられました。この競争が開催されたのが、現在のビールテントが設置される場所であり、花嫁に敬意を込めて「テレージエンヴィーゼ」として今日までその名をとどめているのです。

　ここ最近、「ヴィーゼ」では昔ほど大量にビールが飲まれなくなりました。それでも、2015年には約600万人が訪れて、750万リットルのビールを飲みました。ビール消費量が減少した理由は、ビールの価格にあるかもしれません。なぜなら、過去10年の間に大ジョッキ（1リットル）が7ユーロから10ユーロ程度に値上がりしたからです。

　泥酔して、取っ組み合いのケンカをしたり、会場を汚したりするケースは少なくありません。会場が汚れるのを防ぐために、合計で1000もの数にのぼるトイレが設置されます。そのほかには、男性客のためにさらに小便器が設けられ、全長は800メートル以上にもなります。通常、ドイツでは公衆トイレの利用は有料ですが、ここでは無料です。

über ... hinweg	〜にわたって
rauschend	ざわめいた、華やかな
Maß	マース（1リットルジョッキ）
anlässlich	〜に際して
Pissoir	男性用公衆トイレ

Wie denken die Deutschen über japanische Oktoberfeste?

J Das Oktoberfest hört sich wirklich nach unglaublich viel Spaß an. Da würde ich auch gern mal hin! Ich habe viele japanische Freunde, die schon mal dort waren.

D Das glaube ich dir gern. Das Oktoberfest in München ist nämlich vor allem für ausländische Gäste eine Attraktion. Man sagt, dass ungefähr jeder fünfte Besucher aus dem Ausland kommt.

J Das heißt, das Oktoberfest ist hauptsächlich eine Touristenattraktion?

D Eine so große Veranstaltung wirkt natürlich auf viele Menschen sehr anziehend. Wenn man ein nicht ganz so überfülltes und trotzdem authentisches Oktoberfest erleben will, bietet sich zum Beispiel auch das Oktoberfest in Stuttgart an.

J Ach, es gibt auch noch andere Oktoberfeste in Deutschland!?

D Klar, in Japan gibt es doch auch überall und zu jeder Zeit Oktoberfeste. Viele Deutsche finden es recht seltsam, wenn irgendwo im Frühling ein Oktoberfest stattfindet. Aber andererseits herrscht immer gute Stimmung und man kommt beim fröhlichen Biertrinken und Schunkeln auch schnell mit solchen Japanern in Kontakt, die normalerweise etwas schüchtern sind. Das finde ich toll!

J Ich wette, Japan hat die meisten Oktoberfeste außerhalb Deutschlands.

D Nee, die gibt es in den USA. Dort leben schließlich viele deutsche Auswanderer, die ihre Kultur mitgebracht haben. Manchmal sieht man ja auch die Schreibweise „Pretzel" für die „Brezel" – das ist die übliche Bezeichnung in den USA.

日本のオクトーバーフェストをどう思いますか？

日 オクトーバーフェストはものすごく楽しそうですね。ぜひ一度、行ってみたいです。行ったことのある日本の友達もたくさんいます。

ド そうでしょうね。というのもミュンヘンのオクトーバーフェストはとくに外国人観光客にとって魅力的なイベントです。訪れる人の5人に1人は他国からだそうですよ。

日 オクトーバーフェストは主に観光イベントということでしょうか？

ド これだけ大きなイベントですし、もちろん多くの人を引きつけます。それほど人であふれかえっていなくて、それでも、いわば昔ながらのオクトーバーフェストを体験したければ、たとえばシュトゥットガルトのオクトーバーフェストなどがオススメです。

日 え、ドイツにはほかにもオクトーバーフェストがあるんですか！？

ド もちろん、日本だっていつでもどこでも開催されていますよね。ただ、多くのドイツ人は、春にオクトーバーフェストをやっているのを不思議に思います。でも、いつもいい雰囲気で、ビールがすすむとふだんはシャイな日本の人もすぐ仲よくなりますよね。あれは素晴らしい！

日 日本は、ドイツに次ぐオクトーバーフェスト大国ってことですよね。

ド いえいえ、アメリカを忘れてはいけません。ドイツからの移民も多く、彼らが文化を持ち込みました。ほら、「Pretzel（プレッツェル）」という表記をよく見かけませんか。これは、「Brezel（ブレーツェル）」のことで、アメリカ式に書き換えられているのです。

06 夜は冷たい食事しか食べないって本当？
Essen die Deutschen zu Abend wirklich nur kaltes Essen?

In Deutschland gibt es schon lange folgende Redewendung: „Morgens essen wie ein Kaiser, mittags wie ein König und abends wie ein Bettelmann." – früher hat man also morgens die reichhaltigste Mahlzeit zu sich genommen, mittags ebenfalls recht gut gespeist und am Abend nur noch etwas kleines gegessen.

Doch inzwischen hat sich diese Aufteilung etwas verändert. Man hat in der heutigen hektischen Zeit kaum mehr die Ruhe, sich morgens gemütlich an den Tisch zu setzen und ausgiebig zu frühstücken. Auch war es früher üblich, zum Mittagessen von der Schule oder dem Arbeitsplatz kurzzeitig nach Hause zu kommen und dort zu essen. Doch da es immer weniger Vollzeithausfrauen gibt, essen die meisten Schüler und Angestellten nun in der Kantine ihrer Schule oder ihres Betriebs. So hat sich das Abendbrot immer mehr zur Hauptmahlzeit des Tages für die Familie entwickelt.

Die „Kalte Küche" hat viele Vorteile – sie ist einfacher zuzubereiten, energiesparend (da man kein Feuer benötigt) und nicht so zeitaufwendig. Traditionelles Abendbrot besteht daher meistens aus Brot, Butter (oder Margarine), einer großen Vielfalt von Wurst- und Käseaufschnitt und vielleicht einem Obst- oder Gemüsesalat. Während man gemeinsam isst und trinkt, belegt sich jeder selbst seine Brote mit dem Aufschnitt, auf den er gerade Appetit hat. Oft bereitet man auch gleich die Brote für die Brotbüchse für den nächsten Tag vor. Doch da das Abendbrot immer mehr zur Hauptmahlzeit des Tages geworden ist, werden in vielen Familien ab und zu auch warme Speisen serviert, um für Abwechslung zu sorgen. Ungefähr jeder dritte Deutsche, der abends zuhause ist, isst mittlerweile warmes Essen. Da nach der Arbeit jedoch wenig Zeit ist, wird meist – zumindest unter der Woche – auf zeitaufwendige Gerichte wie einen Auflauf verzichtet und stattdessen kommen Nudelgerichte, Suppen oder deftige Pfannkuchen auf den Tisch.

ドイツには、次のようなことわざが昔から伝えられています。「朝食は皇帝のように、昼食は王様のように、夕食は貧しい人のように食べる」。つまりかつては、朝に種類豊富な食事をとり、昼にはやや豊かな食事を、そして夜にはほんの少しだけ食事をとったのです。

　しかし最近では、このような食事の配分は少し変わってきました。昨今のめまぐるしい時間の流れの中で、毎朝ゆったりと食卓に座り、たっぷりと朝食をとるようなゆとりは、もうほとんどありません。昔は、昼食のために学校や職場から少しの時間自宅に帰って食事することも一般的でした。しかし、専業主婦が減少したので、ほとんどの生徒やサラリーマンは、今や学校や会社の食堂で食事を済ませます。夕食はますます、家庭にとって一日の主要な食事時間へと移り変わりつつあります。

　「冷たい料理」には多くの利点があります。簡単に調理でき、（火を使わないので）省エネですし、それほど手間もかかりません。ですので、伝統的な夕食は、たいていパン、バター（あるいはマーガリン）、薄切りにした多種多様なソーセージやチーズ、そして場合によってはフルーツあるいは野菜のサラダなのです。ともに飲み食いしている間、各自がパンにバターなどを塗り、自分の食べたい食材を載せます。翌日用にランチボックスに詰めるパンをついでに準備することもあります。ただし、夕食が一日の主要な食事になったので、多くの家庭では気分を変えるために温かい食事も出されたりします。夜に家で食事をとるドイツ人のだいたい３分の１が温かい食べ物を口にします。しかし、それでも仕事の後に時間があまりないので、多くの場合、少なくとも平日にはグラタンのような手間のかかる食事はやめ、その代わりにパスタ、スープあるいは食事としてのこってりとしたプファンクーヘンが食卓に出されます。

zu sich nehmen	（食べ物を）とる
etwas kleines	何か軽いもの
Abendbrot	夕食
Aufschnitt	薄切り
Brotbüchse	ランチボックス
ab und zu	ときどき
unter der Woche	週の間は
Auflauf	アウフラウフ（グラタン風の料理）
Pfannkuchen	プファンクーヘン（パンケーキ）

Gibt es auch deutsche Fastfoodketten?

J Was kann man sonst noch so essen, wenn man wenig Zeit hat?

D An Fastfood? Nun, da gibt es natürlich jede Menge Würstchen, wie zum Beispiel die berühmte Currywurst in Berlin. Allerdings hat sie inzwischen einiges an Beliebtheit eingebüßt und wurde längst vom Döner überholt.

J Döner?

D Das ist die Abkürzung für „Döner Kebab". Er ist das beliebteste Fastfoodessen der Deutschen und wird im ganzen Land hauptsächlich von Türken an kleinen Imbissbuden verkauft. Außerdem gibt es natürlich auch noch McDonalds, Burger King und andere Fastfoodketten.

J Und gibt es denn auch deutsche Fastfoodketten?

D Ja, zum Beispiel „Nordsee", dort werden hauptsächlich Fischgerichte wie Fischbrötchen verkauft.

J Bei deutschem Essen denkt man eigentlich nicht unbedingt an Fisch.

D Stimmt, aber früher hat man freitags immer Fisch und kein Fleisch gegessen. Das hatte religiöse Gründe, denn Jesus Christus wurde an einem Freitag gekreuzigt. Aber inzwischen hält sich da eigentlich kaum noch jemand dran.

J Aber scheinbar mögen die Deutschen ja Fastfood. Essen sie denn oft auswärts?

D Im Vergleich zu den Japanern eher weniger. Wenn man dann doch mal auswärts isst, dann meistens beim Italiener oder Griechen.

> ## ドイツのファストフードチェーンもありますか？

日 時間がないときは何を食べますか？

ド ファストフードのこと？　だったら数え切れないくらいのソーセージ料理がありますよ。有名なベルリンのカレーソーセージとか。そうはいっても人気が陰ってきて、ドネルにはすでに抜かれていますが。

日 ドネル？

ド 「ドネルケバブ」の略です。ドイツで最も人気のあるファストフードです。主にトルコの人びとのスタンドで売られていて、ドイツならどこでも買えますね。そのほかには、もちろんマクドナルドやバーガーキングなどのファストフードチェーンもあります。

日 ドイツ独自のファストフードチェーンもありますか？

ド フィッシュバーガーなどを中心に魚料理を売っている「ノルトゼー」がそうですね。

日 ドイツ料理というと、あまり魚のイメージがないですが。

ド そうですね。でもかつて、金曜日は肉ではなく魚を食べる日だったのですよ。イエス・キリストが金曜日に磔（はりつけ）にされたという宗教的な理由によります。もっとも、今ではそのことを気にかける人はほとんどいませんが。

日 なるほど。ドイツ人もファストフードが好きなんですね。では、しょっちゅう外食もするんですか？

ド 日本人に比べると少ないでしょうか。外食するなら、ドイツ料理ではなく、イタリアンかギリシャ料理に行くことが多いですね。

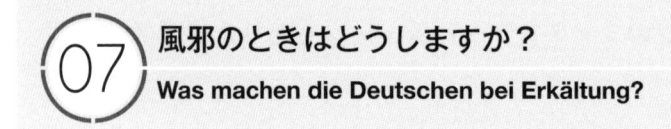

07 風邪のときはどうしますか？
Was machen die Deutschen bei Erkältung?

Wer sich in Deutschland eine Erkältung holt, steht am Morgen vor der Entscheidung: Gehe ich ins Büro oder nicht? Hier sind die Meinungen geteilt. Denn mit einem Attest vom Arzt kann sich jeder für einige Tage krankschreiben lassen. Doch natürlich möchte man nicht all zu oft unangenehm beim Chef auffallen und es gibt auch Termine, die sich nicht verschieben lassen. Durchschnittlich sind es ca. 14 Tage, die sich ein Deutscher im Jahr krankschreiben lässt. Bei starkem Schnupfen und Husten ist es meistens besser, wenn man zuhause bleibt. Denn da in Deutschland die Verwendung von Masken unüblich ist, würde man sonst die Kollegen anstecken, die das absolut gar nicht lustig finden.

Es gibt zahlreiche Hausmittel, die bei Erkältung wirken sollen. Um den Husten zu besiegen, werden oft Hustenbonbons mit Eukalyptus gelutscht. Und um die Nase wieder frei zu bekommen, ist ein Dampfbad empfehlenswert. Kochend heißes Wasser mit Kamillenblüten wird in eine Schüssel gegeben und man atmet mit einem Handtuch über dem Kopf die Dämpfe ein.

Übrigens ist für einen Deutschen eine Körpertemperatur von 37 Grad völlig normal, so dass man erst ab 38 Grad anfängt, wirklich von Fieber zu sprechen. Was für Japaner der Reisbrei ist, ist für die meisten Deutschen eine „Hühnerbrühe" mit Möhren, Zwiebeln und Petersilie. Zu trinken gibt es meistens Kamillentee. Bei starkem Durchfall isst man hauptsächlich Salzstangen, Zwieback, geriebenen Apfel usw.

Außerdem gibt es immer mehr Deutsche, die auf starke Medikamente verzichten möchten und daher auf eine Behandlung mit homöopathischen Mitteln zurückgreifen. Es handelt sich hierbei um verdünnte Naturheilmittel, von denen jedoch nicht bewiesen ist, dass ihre Wirkung über den Placebo-Effekt hinausgeht.

ドイツでは風邪をひいたら、出勤するかどうかを朝に決めます。欠勤するかどうか、そこが意見の分かれ目です。医師の診断があれば誰もが数日間の病欠証明をもらうことができます。ただし、もちろんそんなに頻繁に上司を不機嫌にさせたくないし、またずらせない約束もあります。病欠証明による休みは、ドイツ人1人あたり平均して年間14日間です。ひどいくしゃみや咳の場合は休んだ方がいいのです。というのも、ドイツでは習慣としてマスクをあまり着用しないので、休まないと同僚に病気を移すことになりかねないし、不快に思われます。

　風邪に効果がある家庭薬もたくさんあります。咳止めには、よくユーカリの咳止めドロップを舐めます。そして、鼻通りをよくするためには、蒸気桶がおすすめです。カモミールを入れた熱湯をボウルに入れて、タオルを頭にかぶって蒸気を吸うのです。

　ところで体温に関しては、ドイツ人は37度ならまったく問題なく、38度を上回って初めて本当に熱があると言い始めます。日本人にとってのおかゆに当たるのは、多くのドイツ人には、にんじん、たまねぎそしてパセリを入れた「チキンスープ」です。飲料としては、カモミール茶があります。ひどい下痢の場合、たいていはソルトスティック、ラスク、すりおろしたりんごなどを食べます。

　そのほか、最近では強い薬を飲まず、そのためホメオパシー薬を用いた処置を試してみようとするドイツ人が増えています。その際には薄めた自然治療薬を用いますが、しかしながら、これらの薬にはプラシーボ効果（疑似薬効果）以上の作用は証明されていません。

Termin	予約
Reisbrei	おかゆ
Salzstange	ソルトスティック
	（塩をまぶした棒状のスナック）
verzichten auf	～なしで済ませる
es handelt sich um	それは～のことである

Wie teuer ist ein Arztbesuch in Deutschland?

J Hatschi!

D Gesundheit! Hast du dir eine Erkältung eingefangen?

J Ja, ich glaube schon...

D Oje! Aber bitte trotzdem nicht die Nase hochziehen, sondern ins Taschentuch schnäuzen, ja? Alles andere gilt in Deutschland als verpönt. Und geh doch mal zum Arzt damit.

J Das sollte ich vielleicht wirklich machen. Wie steht es denn um die Arztkosten in Deutschland?

D Als Kind ist die Behandlung kostenfrei. Und auch als Erwachsener muss man eigentlich immer nur einen geringen Anteil an den Medikamenten dazu bezahlen, während der eigentliche Arztbesuch von der Versicherung übernommen wird. Nur als Privatpatient muss man zunächst selbst bezahlen und bekommt anschließend das gezahlte Geld zurück.

J Sehr interessant, Deutschland hat also ein duales Versicherungssystem. Aber das hat keinen Einfluss auf die jährliche Gesundheitsuntersuchung, oder?

D Die gibt es in Deutschland gar nicht, jedenfalls nicht für Erwachsene. Nur Kinder und Jugendliche müssen in einem bestimmten Alter zu Vorsorgeuntersuchungen. Als Erwachsener bekommt man nur weiterhin regelmäßig Impfungen gegen Krankheiten wie Wundstarrkrampf oder Hepatitis. Für viele Deutsche ist die Krebs verursachende Röntgenstrahlung ein notwendiges Übel, wenn man sich z.B. ein Bein gebrochen hat. Aber sich jedes Jahr einmal Röntgenstrahlen auszusetzen, ohne dass ein Verdacht auf eine Krankheit besteht, kommt für sie nicht in Frage.

J Wirklich? Also das finde ich ja jetzt witzig. Schließlich wurden die Röntgenstrahlen doch von einem Deutschen entdeckt!

医療費は高いですか？

日　ハックション！

ド　お大事に！　風邪ひいたの？

日　ええ、そうみたい…。

ド　おやおや。でも鼻はすすらずに、ティッシュでかんでね。ドイツでは失礼に当たるから。そして、医者に行って。

日　それは肝に銘じておくね。ところで、医療費ってどうなっているの？

ド　子どもの診療は基本的に無料です。大人でも、受診料は保険がカバーしてくれますね。ただ、薬代の一部を追加で負担せねばなりません。私保険の患者は、とりあえずは自分で支払わなければなりませんが、あとで還付されます。

日　なるほどね。ドイツはいわば二重の保険制度をとっているんですね。でも、それによって年ごとの健康診断は変わらないの？

ド　ドイツに健康診断はないのですよ。少なくとも大人には。子どもや青少年はある年齢で予防健診を受診せねばなりません。大人になると、破傷風や肝炎の定期的な予防接種しかありません。多くのドイツ人にとって、たとえば、足を骨折したときなどに、癌を引き起こすかもしれないレントゲンを受けることは仕方ないことです。しかし、病気の疑いもないのに、年1回のレントゲン検査受診は問題外だと思われているのです。

日　えっ？　レントゲンはドイツで発明されたのに！

08 休暇に何をしているのでしょうか？
Was machen Deutsche in ihrer freien Zeit?

Die meisten Deutschen legen großen Wert auf die Trennung von Arbeit und Freizeit. In ihrer freien Zeit möchten sie sich vom Stress auf der Arbeit erholen. Am Wochenende fahren die Deutschen oft in nah gelegene Erholungsgebiete und wer ein Grundstück in einer Kleingartensiedlung hat, verbringt das Wochenende dort. Im Allgemeinen verbringen die Städter sehr gern ihre Zeit in der Natur, während Bewohner der ländlichen Regionen zum Einkaufen in die Städte kommen. Das Wochenende ist für die meisten Deutschen Familienzeit. Man macht gemeinsame Ausflüge in den Zoo, ins Schwimmbad oder ins Museum. Stundenlange Spaziergänge und Wandertouren sind ebenfalls ein Steckenpferd der Deutschen.

Während ihres bezahlten Urlaubs fahren die Deutschen gern in andere Länder. Zu den beliebtesten Reisezielen gehören seit vielen Jahren Mallorca und die Kanarischen Inseln (Spanien). Auch Griechenland, Tunesien und die Türkei erfreuen sich unter den Deutschen großer Beliebtheit, da man dort vergleichsweise günstig eine entspannte Zeit am Mittelmeer verbringen kann. Doch auch Reiseziele im eigenen Land sind gefragt – die meistbesuchte Stadt Deutschlands ist Berlin, gefolgt von München, Hamburg, Dresden und Köln. Gerade wenn man nur ein kleines Budget hat, bevorzugen viele eine Pauschalreise.

Wer in einem festen Arbeitsverhältnis steht, muss einmal im Jahr drei Wochen zusammenhängenden Urlaub nehmen. Familien mit Kindern nehmen diesen oft im Sommer, wenn Schulferien sind. Durchschnittlich investieren die Deutschen über 1.000 Euro pro Person für diese besondere Zeit des Jahres. Geringverdiener können sich das mitunter nicht leisten und schicken daher nur ihre Kinder ins Ferienlager.

たいていのドイツ人は、仕事と休暇を分けることを重視しています。休暇には仕事のストレスから解放されたいと思うのです。週末には、ドイツ人はしょっちゅう近くの保養地に向かったり、クラインガルテン（貸し農園）に土地を持っている人は週末をそこで過ごしたりします。一般的に、地方の住民が町に買い物に行く一方で、都市の住民は自分の時間を自然の中で過ごすのを好みます。週末は多くのドイツ人にとって家族と過ごす時間です。一緒に動物園、スイミングプールあるいは博物館に行ったりします。何時間も散歩に出かけたり、ハイキングに出かけることも、ドイツ人の趣味のひとつでもあります。

　長期有給休暇の間、ドイツの人々は他国に好んで行きます。かなり前から、マヨルカ島とカナリア諸島（スペイン）が、最も好まれる旅行先です。ギリシャ、チュニジアそしてトルコも、ドイツ人にはとても人気があります。なぜなら、これらの土地では比較的安く、地中海でのリラックスした時間を過ごすことができるからです。ただし、国内も人気があります。旅行者が最も訪れる都市はベルリンで、そしてミュンヘン、ハンブルク、ドレスデンそしてケルンの順となっています。少ししか旅行資金がない人は、パックツアーを好んで利用しています。

　正規雇用されている人は、1年の間に3週間の連続した休暇をとらなければなりません。子どものいる家庭は、学校の休みに合わせて夏にとることが多いです。この1年で特別な時間に、ドイツ人は1人あたり平均1000ユーロを投じます。稼ぎが多くなく、そこまでできない場合も、子どもだけでも休暇キャンプ場に行かせるのです。

auf ... Wert legen	〜を重視する
Kleingarten	クラインガルテン（貸し農園）
im Allgemeinen	一般的に
Ausflug	遠足
Spaziergang	散歩
Steckenpferd	趣味
Budget	予算
Pauschalreise	パック旅行

Fahren die Deutschen lieber in die Berge oder ans Meer?

J Fahren die Deutschen lieber in die Berge oder ans Meer?

D Wer es lieber aktiv mag, der fährt natürlich in die Berge zum Wandern. Aber ein Großteil der Deutschen verbringt seine Ferien lieber am Meer. Ich denke, zwei von drei Deutschen sind an ihren freien Tagen eher an der See zu finden als auf einem Wanderweg.

J Und was machen die, die zuhause bleiben? Die werden sich ja sicherlich nicht den ganzen Tag nur langweilen, oder?

D Das kommt natürlich auf den jeweiligen Menschen an. Aber ich vermute mal, die meisten werden sich die Zeit im Biergarten vertreiben oder sich zu einem Spielenachmittag treffen.

J Spielenachmittag? Also irgendwelche Konsolenspiele?

D Nee, in Deutschland sind Brett- und Kartenspiele nach wie vor total angesagt. Vor allem in den Kneipen sieht man immer wieder lustige Männerrunden, die eine Partie Skat nach der anderen spielen. Oder man trifft sich zuhause und spielt eines der zahlreichen Strategiespiele.

J Das hört sich nach Spaß an! Hast du eine Empfehlung für ein Brettspiel?

D Puh, also da gibt es so viele! Und jedes Jahr kommen hunderte von neuen Spielen raus. Wenn man mit der Auswahl überfordert ist, sollte man vielleicht zum „Spiel des Jahres" greifen. Das wird jährlich von einer Jury gekürt und verspricht immer viel Spaß. Zum Beispiel gibt es da „Die Siedler von Catan" von 1995 oder „Carcassonne" von 2001. Die gibt es übrigens auch übersetzt auf Japanisch!

J Und wie lange spielt man so?

D Das ist ganz unterschiedlich, aber da es in den meisten deutschen Haushalten eine große Auswahl an Spielen gibt, kann man im Prinzip den ganzen Tag damit verbringen.

山と海どっちが好きですか？

日 ドイツの人って、山と海どっちが好きなのかな？

ド アクティブなことが好きなら、山へハイキングに行くかな。でも、ドイツ人の大半は海で休みを過ごすのが好きなんだよ。だいたい3人に2人は、ハイキングより海での休暇のほうが好きという感じかな。

日 じゃあ、遠出しない人は？　まさか、一日ごろごろしているってわけじゃないよね？

ド もちろん、その人次第かな。たぶん、ビアガーデンに行くとか、ゲームの集いに行ってみたりとか。

日 ゲームの集い？　何かテレビゲームでもするの？

ド いやいや、ドイツではボードゲームやカードゲームが圧倒的に人気があるんだ。とくに、飲み屋でご機嫌な男たちがトランプのスカートの勝負に興じているのをよく見かけたり、あるいは、家に集まって戦略的な要素の強い数多くあるボードゲームで遊んだりするよ。

日 それは楽しそう！　ボードゲームのおすすめってある？

ド うん、それはもうたくさんあるよ！　毎年何百もの新しいゲームが出ているんだよ。そんなに多いなら選びきれないって人は、手始めに「ゲーム・オブ・ザ・イヤー」受賞作をプレイするといいよ。毎年審査委員によって選び抜かれるから、楽しさは折り紙つきだね。たとえば、1995年の『カタンの開拓者たち』、2001年の『カルカソンヌ』。これらは日本語にも訳されているよ！

日 それってプレー時間はどのくらい？

ド ゲームによってばらばらだね。でも、ドイツ人家庭にはたいていは何種類もゲームがあって、一日中だって遊べるよ。

09 家でどのように生活していますか？
Wie leben die Deutschen in ihren Wohnungen?

Ungefähr die Hälfte der Deutschen besitzen Wohneigentum, das heißt, dass sie eine Wohnung oder ein Haus selbst besitzen und darin leben. Der Anteil in Ostdeutschland ist etwas geringer als in Westdeutschland.

Im Durchschnitt ist eine Wohnung in Deutschland ca. 90 Quadratmeter groß. Die meisten Wohnungen haben 3-4 Zimmer, eine Küche und ein Badezimmer. Selbst ein Singlehaushalt hat eine durchschnittliche Wohnungsgröße von fast 70 Quadratmetern. Bei Studenten sieht die Situation natürlich anders aus. Um möglichst günstig zu leben, wohnen viele in kleineren Studentenwohnheimen oder Wohngemeinschaften (kurz: WG genannt).

Üblicherweise ist es in Deutschland eher selten, dass Toilette und Dusche getrennt sind. Dafür werden zwei Badezimmer als ein großer Luxus angesehen. Oft gibt es ein extra Esszimmer, in dem Frühstück und Abendbrot gegessen werden. Viele nutzen aber auch aus Gründen der Bequemlichkeit die Küche als Ort zum Speisen. Da man viel Zeit zuhause verbringt und auch oft Gäste bei sich zuhause empfängt, legen viele Deutsche großen Wert auf die Einrichtung ihrer Wohnung. Man möchte es möglichst gemütlich haben. Hierzu gehört auch gedimmtes Licht in allen Zimmern, was Japaner manchmal als zu dunkel empfinden.

Nach der Familiengründung überlegt ein großer Teil der Deutschen, aus der Stadt wegzuziehen und sich ein Eigenheim in einem Vorort zu bauen. Zum einen ist es dort ruhiger und zum anderen sind die Bodenpreise natürlich sehr viel günstiger. Neben vielen Bahnhöfen außerhalb der großen Städte gibt es sogenannte „Park&Ride"-Angebote. Man kann also von seinem Haus mit dem Auto bis zum Bahnhof fahren, es dort parken und dann weiter mit der Bahn bis zum Arbeitsplatz fahren. Das vermindert auch den Stau und die Umweltbelastung in der Innenstadt.

およそ半数のドイツ人が住居を所有しています。つまり、マイホームやマンションの部屋を持っていて、そこで生活しているということです。その割合は、西ドイツに比べて東ドイツのほうがやや少なくなっています。

　ドイツでは、住居の広さは平均して約90㎡です。たいていは、3から4部屋とキッチンそしてバスルームが備わっています。単身者の場合では、住居面積の平均は70㎡です。学生の場合、もちろん状況は異なります。できるかぎり安上がりにに生活するために、学生の多数は、より小さな学生寮あるいはルームシェア（WGと略されます）に住んでいます。

　ドイツでは通例、トイレとシャワーが別室になっていることはまれです。そのため、バスルームが2部屋あることは非常にリッチだと見なされます。多くの場合、朝や夜の食事をする独立した部屋があります。しかし、多数の人々は気楽さからキッチンを食事場にしています。多くの時間を家で過ごし、またよくゲストも招くので、多くのドイツ人は家具を重視しています。できるだけ居心地をよくしたいと考えるのです。そのため、各部屋に明るさを落とした照明を備え付けているので、日本人はしばしば暗すぎると感じることもあります。

　子どもができると、大半のドイツ人は都市から離れて、郊外にマイホームを持とうと考えます。その理由には、ひとつには郊外が閑静であること、ほかにはもちろん土地価格がより安価だということが挙げられます。大都市近郊の駅には、いわゆる「パーク＆ライド」と呼ばれるシステムがあります。つまり、家から自動車でその駅まで行き、そこで駐車して職場まで鉄道で向かうということです。これは都市部の渋滞を緩和し、環境負荷も減らしてくれます。

gedimmtes Licht	明るさを落とした照明
Vorort	郊外
Singlehaushalt	一人暮らし
Park&Ride	パーク＆ライド
vermindern	減らす

> **Wie hoch sind denn so die Mieten in Deutschland?**

J Wie hoch sind denn so die Mieten in Deutschland?

D Generell kann man sagen: Günstiger als in Japan. Aber das ist auch stark von der Region abhängig. Man hört oft, dass die Mieten in München ziemlich hoch sein sollen, aber auch in Berlin beschweren sich viele alt eingesessene Anwohner in den letzten Jahren über eine Gentrifizierung.

J Was bedeutet denn das?

D Das heißt, dass ein Strukturwandel vonstatten geht. Ein bestimmtes Wohngebiet zeichnet sich vor allem durch niedrige Mietpreise aus. Das zieht Studenten und Künstler an, die sich keine teure Wohnung leisten können. Irgendwann werden aus den Studenten erfolgreiche Berufseinsteiger und die Künstler haben Erfolg, so dass die Gegend attraktiv wird und Investoren ein Auge auf diese Gebiete werfen. Sie restaurieren die Wohnungen und die Umgebung, so dass die Wohnpreise steigen. Die ursprünglichen Bewohner können sich das nicht mehr leisten und müssen daraufhin wegziehen. Das ist zum Beispiel im Berliner Bezirk Kreuzberg oder Prenzlauer Berg so passiert.

J Aber im Prinzip ist es doch gut, wenn ein Wohngebiet aufgewertet wird.

D Eigentlich schon. Aber für die Anwohner, die dort schon ihr halbes Leben verbracht haben, ist es natürlich nicht so toll, wenn sie quasi vertrieben werden.

J Klar, das ist verständlich. Wie kann man denn günstig wohnen?

D Ich würde zum Anfang vielleicht eine WG empfehlen.

J Ah, das ist doch die Abkürzung für „Wohngemeinschaft", oder?

D Genau, man lebt mit einem oder mehreren Leuten zusammen in einer großen Wohnung. Jeder hat sein eigenes Zimmer und man teilt sich Küche und Bad. Erstens ist es günstiger als alleine zu wohnen und zweitens geht es meistens ziemlich lustig zu. Das machen vor allem viele junge Leute.

家賃はどのくらいですか？

日 ドイツの家賃はどのくらいですか？

ド 日本よりは安いと言えるでしょう。しかし、地域によって大きく異なります。ミュンヘンの家賃はかなり高いと聞きますが、最近はベルリンでも昔から住んでいる人々が「ジェントリフィケーション現象」に苦言を呈していますね。

日 それって、どういうことですか？

ド つまり地域で構造的な変化が起きているんです。ある特定の地域で家賃の低さが目立ったとします。そこに、高い家賃を払えない学生やアーティストが集まってきます。やがて、学生が会社に入社し、アーティストが成功すると、地域が魅力的になり、投資家が注目するようになります。彼らは建物やその区画をリノベーションして、家賃は上がります。もともと昔から住んでいた人びとは家賃を払い続けることができず、結果として退去を余儀なくされるのです。ベルリンのクロイツベルクやプレンツラウアーベルクではこうしたことが起こっています。

日 でも、基本的に住宅地域の価値が高まるのはいいことですよね。

ド 本当はね。でも、人生のほとんどをそこで過ごしてきた人にとってはよいものではありません。追い払われたも同然なのですから。

日 なるほど、確かに。じゃあ、どうやったら安く生活することができるのでしょうか？

ド まずは WG をおすすめしますよ。

日 あぁ、WG って、確か Wohngemeinschaft の略ですよね。

ド そうです。大きな住まいにほかの人と共同で住むんですよ。各人には自分の部屋があって、キッチンとバスルームをシェアします。なんといってもひとりで住むより安いですし、それにかなり楽しくなります。とくに多くの若い人がそうしています。

10 クリスマスはどうやって過ごしますか？
Wie verbringen die Deutschen Weihnachten?

Die Weihnachtszeit beginnt am 1. Advent, also dem vierten Sonntag vor Heiligabend. An diesem Tag wird auf dem Adventskranz die erste von vier Kerzen angezündet. An jedem darauffolgenden Sonntag wird eine weitere Kerze angezündet. Viele Kinder bekommen einen Adventskalender, bei dem vom 1. bis zum 24. Dezember jeden Tag ein Türchen geöffnet wird. So hat man jeden Tag eine kleine Überraschung (meistens Schokolade).

In der Adventszeit gibt es überall in Deutschland große und kleine Weihnachtsmärkte. Auf manchen gibt es traditionelles Kunsthandwerk zu kaufen und auf anderen kann man Achterbahn fahren. Fast jeder Weihnachtsmarkt bietet Glühwein, Kinderpunsch, gebrannte Mandeln, kandierten Apfel und viele andere Spezialitäten dieser Jahreszeit an.

Für die Deutschen ist der Abend des 24. am wichtigsten. An diesem Tag arbeitet man meistens nur bis 14 Uhr. Danach gehen viele in die Kirche und abends sitzt man gemütlich zusammen mit der Familie. Oft werden gemeinsam Weihnachtslieder gesungen und anschließend die Geschenke geöffnet, die unter dem Weihnachtsbaum liegen. Über 90% der Familien mit Kindern stellen einen Weihnachtsbaum bei sich zuhause im Wohnzimmer auf, der meistens ungefähr zwei Meter hoch ist. Ein Großteil der Deutschen zieht immer noch einen natürlichen Baum einem Plastikbaum vor und entsorgt ihn traditionell am 6. Januar. Man legt den Baum auf den Gehweg oder schmeißt ihn aus dem Fenster, damit er von der Stadtreinigung abgeholt wird.

Der 25. und 26. sind gesetzliche Feiertage, das heißt alle Geschäfte haben geschlossen. Während man Heiligabend meistens im kleinen Kreis verbringt, werden die beiden darauffolgenden Tage genutzt, um entfernte Verwandte zu besuchen. Überall werden aufwendige Gerichte aufgetischt, meistens Pute, Ente oder Gans, so dass sich viele einen „Winterspeck" anfuttern.

クリスマスシーズンは、第1アドベント、つまり、クリスマスイブから数えて4つ前の日曜日から始まります。この日に、アドベントの飾り環の4本のローソクのうち最初の1本に火を灯すのです。その次に、日曜日が来るたびにさらにローソクに火をつけていきます。たくさんの子どもたちは、12月1日から24日まで毎日小さな扉を開けていく、アドベントカレンダーを手に入れます。毎日、ささやかな贈り物（たいていはチョコレート）が入っています。

　アドベントの時期は、ドイツでは大小さまざまなクリスマス市が開かれます。そこでは、伝統的な工芸品が買えたり、ジェットコースターに乗れたりします。だいたいのクリスマス市では、グリューワインやキンダーパンチ（子ども用のパンチ風飲料）、焼きアーモンド、リンゴの砂糖漬け、そしてこの時期特有の食事もよく売られています。

　ドイツ人にとって、24日の夜は最も重要です。この日は、14時までに仕事を終える人が多いです。その後、多くの人々は教会に行き、そして夜には家族でゆったりと過ごします。多くの場合、一緒にクリスマスの歌を歌って、その後でクリスマスツリーの下に置いておいたプレゼントを開けます。子どものいる家族の90％以上は、たいてい2メートル以上にも及ぶ高さのクリスマスツリーを家のリビングに設置します。ドイツ人の大部分は、依然としてプラスチック製のツリーよりも自然の木を好んでおり、そしてそのツリーを1月6日に捨てる習慣があります。清掃局によってゴミ収集できるように木を歩道に置いたり、窓から投げ捨てたりします。

　12月25日、26日は法律で定められた祝日で、すべての商店や会社は閉まります。クリスマスイブは身内で過ごしますが、クリスマスとその翌日は遠い親戚を訪れるために利用します。いたるところで、たいていは七面鳥、アヒルあるいはガチョウのようなぜいたくな料理が出されたりするので「冬太り」してしまいます。

Adventskranz	降誕節のリース
Adventskalender	アドベントカレンダー
gesetzliche Feiertage	法定休日
Winterspeck	冬太り

Warum schmeißt man denn den Baum gerade am 6. Januar weg?

J Warum schmeißt man denn den Baum gerade am 6. Januar weg? Hat das einen speziellen Grund?

D Am 6. Januar ist „Heilige Drei Könige", das ist der Tag, an dem die drei Weisen aus dem Morgenland der Überlieferung nach bei Jesus angekommen sind. Manche lassen den Baum auch bis „Mariä Lichtmess" stehen - das ist am 2. Februar, dem vierzigsten Tag nach Weihnachten. Aber der Baum fängt dann schon an zu nadeln und das Wohnzimmer hinterher sauberzumachen ist eine Schweinearbeit.

J Kann ich mir vorstellen. Was passiert denn dann eigentlich mit den ganzen alten Bäumen?

D Die meisten werden geschreddert und zu Kompost verarbeitet. Manche landen aber auch bei den Elefanten oder Nashörnern im Zoo. Für andere Tiere kann man sie leider nicht als Futter verwenden, weil die Nadeln im Magen zu gefährlich wären.

J Die Deutschen gelten doch als recht geizig, da hätte ich nicht gedacht, dass sie jedes Jahr so viel Geld ausgeben für etwas, das sowieso nach kurzer Zeit weggeschmissen wird.

D Wir sind sparsam, nicht geizig. Das ist ein Unterschied.

J Ja ja, ist ja gut.

D Aber stimmt schon - auch wer sonst sehr aufs Geld schaut, gibt zu Weihnachten trotzdem viel aus. Meistens so um die 280 Euro allein für Geschenke. Und dann kommen natürlich noch die Ausgaben fürs Festessen, den Weihnachtsschmuck und Weihnachtsmarktbesuche hinzu. Das läppert sich ganz schön.

１月６日にツリーを窓から投げ捨てるのはなぜ？

日 １月６日に（クリスマス）ツリーを窓から投げ捨てるのはなぜですか？特別な理由でもあるのですか？

ド １月６日は「三王来朝の日」という、言い伝えによるとオリエントから３人の賢者がイエスのもとを訪れた日です。しばしば、クリスマスから40日後の２月２日の「聖母マリアお潔めの祝日」までツリーを立てたままにすることもありますよ。でも、そうすると葉が落ちちゃって、居間を掃除するのが厄介です。

日 なるほどね。では、その古いツリーはどうするのでしょうか？

ド たいていはシュレッダーにかけられて、堆肥になります。あるいは、動物園のゾウやサイのところに運ばれます。それ以外の動物だと、残念ながら針葉が胃を傷つける危険があるのでエサとしては使えませんね。

日 ドイツ人はケチで通っているじゃないですか。なのに、毎年すぐ捨ててしまうようなものにお金をかけるなんて思いませんでしたよ。

ド 倹約家なだけでケチではありませんよ。その二つは違うんですよ。

日 はいはい、わかりました。

ド まあ確かに、ふだん出費には気をつけるような人でも、クリスマスにはたくさん使いますね。プレゼントだけでもだいたい280ユーロも使っています。それにもちろんお祝い料理、クリスマスの飾り、クリスマスマーケットめぐりが加わります。総額では、かなりの出費となってしまいます。

11 ラクリッツはおいしいと思って食べているの？
Finden die Deutschen Lakritze eigentlich wirklich lecker?

Diese Frage lässt sich schwer beantworten, da die Geschmäcker natürlich verschieden sind. Aber man kann wohl davon ausgehen, dass die Hälfte der Deutschen Lakritze mag und die andere Hälfte sie (genau wie ein Großteil der Japaner) verabscheut.

Was den Lakritzkonsum der Deutschen angeht, gibt es starke regionale Unterschiede, wobei man auch vom sogenannten „Lakritzäquator" spricht: Unterhalb des Flusses Main werden in den Supermärkten nur wenig oder gar keine Lakritze verkauft. Zu den im Süden erhältlichen Sorten gehören fast nur die sogenannten Kinderlakritze, also die bekannten süßeren Sorten in Schnecken- oder Katzenform. Die umsatzstärksten Marken sind Haribo, Katjes und Trolli.

Wenn man jedoch im Norden ins Süßwarenregal schaut, findet man eine viel größere Auswahl. Vielleicht ist es der Einfluss aus den Laktritzhochburgen wie Schweden oder den Niederlanden, aber hier gibt es ein großes Angebot an salzigeren und härteren Sorten. Diese als Erwachsenenlakritz bezeichneten Sorten haben einen Salmiakanteil von über 2% und müssen daher einen Warnhinweis enthalten. Denn zu viel Lakritz kann schädlich sein, da es zu erhöhtem Blutdruck führen kann. Der Teil der Deutschen, der Lakritze mag, isst die schwarze Masse aus echtem Süßholz also nicht aus gesundheitsfördernden Gründen, sondern wirklich einzig und allein, weil sie ihnen schmeckt. Auch wenn es bei verschiedenen Studien heißt, dass Lakritze eine beruhigende Wirkung auf Hals und Magen haben sollen.

Übrigens sind die Deutschen im internationalen Vergleich durchaus keine so eifrigen Lakritzesser wie manch einer vermuten mag – mit einem durchschnittlichen Pro-Kopf-Verbrauch von 200 Gramm essen sie nur ein Zehntel dessen, was die Niederländer pro Jahr zu sich nehmen.

この質問に答えるのは難しいです。なぜなら、味の好みは人それぞれだからです。しかし、ドイツ人の半数はラクリッツ（甘草入りの飴）が好きで、もう半数は（大部分の日本人と同様に）ラクリッツが嫌いだとは言えるのではないでしょうか。

　ドイツ人のラクリッツ消費に関しては、いわゆる「ラクリッツ赤道」とも呼べる大きな地域差があります。それは、マイン川より南では、スーパーマーケットにラクリッツはほんの少ししかないか、まったく売られていません。南部で置かれている種類は、いわば子ども向けラクリッツであり、つまりはカタツムリやネコの形のした、よく知られている甘い種類です。最大の売れ行きを誇るのは、ハリボー、カッチェスそしてトローリです。

　しかし北部のお菓子屋さんには、よりたくさんの種類があります。おそらくスウェーデンやオランダといったラクリッツの本場の影響でしょう。ここでは、よりしょっぱくて、より固い種類の品々があります。大人向けラクリッツと呼ばれる、これらの種類は、2％以上のサルミアッキを含有し、そのため警告表示を示すことになっています。というのも、あまり大量のラクリッツを摂取すると健康被害を及ぼす可能性があるからです。実は、血圧が上がる効果があるのです。だから、ラクリッツ好きのドイツ人は、本物の甘草から作られた黒い塊を、健康上の理由で食べるのではなく、ただただおいしいから食べます。もっとも、ラクリッツは、のどの痛みを鎮め、胃を癒やしてくれる効果があるという研究もあるのですが。

　ただし、ドイツ人は国際的な比較において、しばしば思われているような熱心なラクリッツ好きでは決してありません。ドイツ人は、1人あたり平均して年間200グラム食しますが、これはオランダ人の年間消費量の10分の1にすぎません。

verabscheuen	嫌悪する
Hochburg	拠点
Salmiak	サルミアッキ、塩化アンモニウム
Süßholz	甘草
einzig und allein	ただただ、ひとえに
Pro-Kopf-Verbrauch	1人あたりの消費量

> **Was könntest du denn sonst noch an deutschen Süßigkeiten empfehlen?**

J Also ich finde ja, dass diese schwarzen Schnecken wie chinesische Medizin schmecken. Weißt du, woran das liegt?

D Das liegt am Süßholz. Scheinbar ist das wirklich nicht für jeden Geschmack etwas.

J Also ich kann mich nicht so recht damit anfreunden. Was könntest du denn sonst noch an deutschen Süßigkeiten empfehlen?

D Viele Japaner stehen ja auf die Gummitiere von Haribo. Da gibt es nicht nur die berühmten Goldbären, sondern auch noch alle möglichen anderen Sorten.

J Und was gibt es so an Schokolade?

D Zum Beispiel Milka-Schokolade - die mit der lila Kuh.

J Was denn für eine lila Kuh?

D Die Marke Milka stellt ihre Schokoladenverpackungen immer im typischen violetten Design her. Und in der Werbung sieht man immer eine hellviolett bemalte Kuh auf der Wiese stehen. Die gibt es schon seit den 70er Jahren und sie ist so bekannt, dass in den Neunzigern bei einem Ausmalwettbewerb ungefähr 30% der Kinder ihre Kuh violett zeichneten.

J Echt jetzt!?

D Ja, unglaublich, oder? Aber die Deutschen sind wirklich verrückt nach Schokolade. Im europäischen Vergleich wird in Deutschland am meisten Schokolade verzehrt – jeder isst durchschnittlich ca. zehn Kilo pro Jahr.

J Zehn Kilo pro Jahr? Also fast 30 Gramm pro Tag!

D Auch als Brotaufstrich mögen es die Deutschen morgens gern schokoladig-süß. Kennst du Nutella? Das kommt zwar eigentlich aus Italien, ist aber nirgendwo so beliebt wie in Deutschland.

おすすめのお菓子はありますか？

日 この黒い渦巻き菓子は漢方みたいな味がするね。なぜなんだろう？

ド 甘草が入っているからね。まぁ、万人に受けるものではないかも。

日 どうもなじめそうにないなぁ。ほかにドイツのお菓子でおすすめはある？

ド 多くの日本人は、動物の形をしたハリボーのグミが好きだよね。有名なゴールドベアだけでなく、実はまだまだいろんな種類があるんだよ。

日 じゃぁ、チョコレートはどうですか？

ド たとえば、紫色の牛のミルカですね。

日 紫色の牛って？

ド ミルカは、チョコレートの包装をいつも独特の紫のデザインとしているんだ。広告では、薄紫色で描かれた牛が草原に立っているよ。このデザインは1970年代から続いていて、1990年代にはある塗り絵コンクールで子どもの約30％が牛を紫色に描いたほど有名なんだ。

日 それって、本当なの！？

ド にわかに信じがたいよね？　だけどこれくらいにドイツ人はチョコレートに実に目がないんだ。ほかのヨーロッパ諸国と比べ、ドイツはチョコレート消費ではトップなんだよ。年間平均1人あたり約10キロも食べているよ。

日 年間10キロ？　1日でほぼ30グラム！

ド ドイツ人は、朝パンに塗るのもチョコレートみたいに甘いのが好きだよ。ヌテラって知ってる？　実はイタリア製品だけど、ドイツほどヌテラが愛されている場所はないよね。

12 じゃがいも料理ばかりで飽きないの？
Finden die Deutschen die ganzen Kartoffelgerichte nicht irgendwann langweilig?

Tatsächlich enthält fast jedes traditionelle deutsche Gericht Kartoffeln. Doch genauso wie Japanern der (fast) tägliche Reis nicht langweilig wird, ist für die Deutschen die Kartoffel ein Bestandteil des Essens, auf den sie nicht verzichten möchten.

Doch das war nicht immer so. Die ersten Kartoffeln kamen erst im 16. Jahrhundert aus Südamerika nach Europa und verbreiteten sich auch nicht sofort, da kaum jemand um den Anbau und die Nutzung der neuartigen Pflanze wusste. Man sagt, dass zunächst nur die bläulich-violetten Blüten bestaunt wurden, während der eigentlich nahrhafte Teil lediglich als Schweinefutter verwendet wurde. Doch nach dem sogenannten „Kartoffelbefehl" von Friedrich II. im Jahre 1756 wurde der Anbau in ganz Preußen vorangetrieben. Der Grund für diese Entscheidung war, dass eine Kartoffel im Vergleich zu Getreide mehr Ertrag bringt und nahrhafter ist. Um also die Ernährung des Volkes effizienter zu gestalten, wurde der Anbau zum Teil auch mit Gewalt durchgesetzt. Da es jedoch aufgrund falscher Zubereitung durch mangelnde Kenntnisse in der Anfangszeit zu Todesfällen kam, brauchte es lange Zeit, bis sich der Widerstand in der Bevölkerung legte und die Kartoffel zu dem Grundnahrungsmittel wurde, das sie heute ist.

Den Deutschen wird die Kartoffel deswegen nicht langweilig, weil es so viele Variationen gibt. Neben normalen gekochten Kartoffeln, gibt es noch Bratkartoffeln, Kartoffelpüree und natürlich die weltbekannten Pommes Frites. Auch eine in Alufolie im Ofen gebackene große Kartoffel („Folienkartoffel") ist ein beliebter und unkompliziert zuzubereitender Leckerbissen. Zu einer Party bei Freunden bringt man oft einen Kartoffelsalat mit. Mit Teig gemischt kann man Kartoffeln leicht zu Kartoffelknödeln (bzw. –klößen), Gnocchi oder Kartoffelpuffern (Reibekuchen) verarbeiten.

実際、ほぼすべての伝統的なドイツ料理にはじゃがいもが入っています。しかし、日本人が（ほぼ）毎日のお米に飽きないのと同じように、ドイツ人にとってじゃがいもは、欠かすことのできない食材なのです。
　しかし、ずっとそうだったわけではありません。最初のじゃがいもは16世紀に南アメリカからヨーロッパにもたらされました。しかも、それはすぐに広まったわけではありません。なぜなら、この新種の植物の育て方や利用法はほとんど知られていなかったからです。当初、人々はその青紫色の花には驚きを示しましたが、栄養のあるイモの部分を豚のエサにしてしまったと言われています。しかし1756年、フリードリヒ2世の「じゃがいも令」によって、じゃがいも栽培はプロイセン全土で推奨されたのです。その理由は、じゃがいもは穀物に比べて収穫量が多くて栄養分があるということがわかったからでした。国民の栄養摂取を効率よくするために、一部では強権を用いて栽培が実施されたこともありました。しかし、初期段階は知識不足による誤った調理法が原因で死亡事故にいたるケースもあったことから、民衆の抵抗をおさえて、今日のようにじゃがいもを重要な基礎食品にするためには長い時間を要しました。
　多様なバリエーションがあるので、ドイツ人はじゃがいもに飽きることはありません。ふつうのゆでたじゃがいも以外にも、じゃがいも炒め、マッシュポテト、そして世界中で知られるフライドポテトがあります。アルミホイルで包みオーブンで焼いた大きなじゃがいも（じゃがいものホイル焼き）もまた人気があって、調理が簡単かつ美味な食事です。友人宅のパーティーには、しばしばポテトサラダを持っていきます。パン生地を混ぜれば、じゃがいもで簡単にクネーデル（クローセとも）、ニョッキあるいはポテトパンケーキを作ることができます。

bläulich-violett	青紫色の
vorantreiben	促進する
Zubereitung	調理
Grundnahrungsmittel	基礎食品（主なエネルギー源となる食料）
Kartoffelpüree	マッシュポテト
Folienkartoffel	じゃがいものホイル焼き
Gnocchi	ニョッキ

Sind die Kartoffeln in Deutschland anders als in Japan?

J Sind die Kartoffeln in Deutschland anders als in Japan?

D Generell gibt es zwei verschiedene Typen von Kartoffeln: Festkochende und mehlige Kartoffeln. Aus den verschiedenen Kartoffeltypen werden unterschiedliche Gerichte hergestellt. Je nachdem, was man kochen will, kauft man eine andere Art von Kartoffel. Für Kartoffelsalat und alle möglichen Beilagen wie z.B. Bratkartoffeln eignen sich festkochende Kartoffeln, weil sie beim Kochen nicht zerfallen.

J Und was macht man dann mit den mehligen?

D Meistens Püree oder Kartoffelteig. Aber ich habe das Gefühl, dass in Japan die Kartoffeln viel schneller zerfallen, also alle eher mehlig sind, auch wenn „festkochend" draufsteht. Wenn man hier ein deutsches Rezept nachkochen will, sollte man sie also nicht ganz so lange kochen wie es im deutschen Rezept steht.

J Als ich die Preise im deutschen Supermarkt für Kartoffeln gesehen habe, war ich total überrascht. Ein Kilo Kartoffeln hat meistens nur so zwischen 1,50 und 2 Euro gekostet.

D Stimmt, in japanischen Supermärkten kosten Kartoffeln viel mehr.

J Und was mich auch überrascht hat, war, dass viel Gemüse, also zum Beispiel Möhren, noch mit Grünzeug dran verkauft wird. Warum machen die das denn nicht ab?

D Aber das kann man doch noch verwenden! Wer zu Hause ein Meerschweinchen oder ein Kaninchen hat, der kann es als Futter nutzen. Und wer es nicht braucht, kann es im Supermarkt direkt wegschmeißen. Manchmal sieht man Leute, die das weggeschmissene Grünzeug wieder aus dem Behälter fischen und es mit nach Hause nehmen. Das kann man wie gesagt kostenlos für sein Haustier mitnehmen.

J Wow, also ich finde, das ist eine sehr ökologische Denkweise!

日本のじゃがいもとどう違うの？

日 ドイツのじゃがいもは、日本のとどう違うのですか？

ド だいたい、じゃがいもの種類は大きく２つに分けることができるんです。堅く茹で上がるじゃがいもと、ほくほくに茹で上がるじゃがいもです。じゃがいもの種類によって、さまざまな料理が生み出されます。何を作りたいかによって、異なる種類のじゃがいもを買うのです。ポテトサラダやじゃがいもの炒め物（ジャーマンポテト）などの付け合せには、調理中に崩れないので堅く茹で上がるじゃがいもが向いています。

日 じゃあ、ほくほくのじゃがいもだと何を作るの？

ド ピューレとか生地が多いかなぁ。それにしても、日本のじゃがいもは煮崩れるのが早いよね。堅煮用と書いてあっても、むしろほくほくに茹で上がるって感じ。日本で、ドイツのレシピ通りに調理したければ、レシピに書いてあるように長時間調理しないほうがいいよ。

日 ドイツのスーパーでじゃがいもの値段を見たとき、本当に驚いたよ。じゃがいも１キロが 1.5 から２ユーロほどしかしないなんて。

ド 確かにね。日本のスーパーだともっと高いね。

日 それに、にんじんなど多くの野菜は葉っぱをつけたまま売られているのにも、びっくり。なんで取らないの？

ド だって、使えるじゃない！　モルモットやウサギを飼っていたらエサにだって使えるし。ただ、不要なら、スーパーで捨てることもできるよ。捨てられた葉っぱを拾って持って帰る人も。さっき言ったみたいに、無料でペットのエサ用に持ち帰ることができるんだ。

日 わぁ、とってもエコな考え方だね。

13 キッチンがいつもきれいなのはなぜ？
Warum sind deutsche Küchen immer sauber?

Einige Ausländer nehmen die Küche einer deutschen Familie als überdurchschnittlich sauber wahr. Das mag daran liegen, dass ihre Gastgeber sich für den Tag des Besuchs besonders ins Zeug gelegt haben, aber generell kann man sagen, dass viele Deutsche großen Wert auf Sauberkeit in der Küche legen. Denn die Küche ist kein Ort mehr, wo die Hausfrau allein das Essen zubereitet, sondern sie nimmt einen wichtigen Platz im gesellschaftlichen Leben ein. Man kocht gemeinsam und in vielen vor allem moderneren Haushalten sind Kochbereich und Essbereich nicht mehr räumlich getrennt.

Die Entwicklung der Rationalisierung ist ein Trend des 20. Jahrhunderts - vor allem nach dem Zweiten Weltkrieg wurde hauptsächlich Wert auf eine preiswerte und funktionale Küche gelegt. Die von der Wiener Architektin Margarete Schütte-Lihotzky in den 20er Jahren entworfene „Frankfurter Küche" war der Prototyp dieser Einbauküchen. Der vorhandene Platz sollte effektiv genutzt werden und alle Arbeitsabläufe möglichst nah beieinander stattfinden. Die Teile bestehen vor allem aus Standardmodulen und werden in Massen gefertigt.

Da man in Deutschland jedoch oft Gäste zu sich nach Hause einlädt, sind die Küchen inzwischen wieder geräumiger und individueller geworden. Gerade bei Partys im eigenen Haus ist der Ort, wo sich letztendlich die Leute versammeln, meist nicht das Wohnzimmer, sondern die Küche. Sie hat damit eine wichtige soziale Funktion. Da man hier kocht, isst und wohnt, möchte man diesen Raum natürlich auch sauber halten.

Mit dem Trend hin zur offenen Wohnküche steigt auch der Preis, den ein Deutscher durchschnittlich für den Kauf einer Küche ausgibt. Für viele Deutsche ist ihre Küche ein Statussymbol und Vorzeigeobjekt – und das möchte man natürlich auch pflegen.

外国人はしばしば、ドイツの家庭のキッチンをおそろしくきれいだと思うことがあります。それはホストが、訪問のある日にはとりわけ気を使って掃除するからだと思いますが、確かに多くのドイツ人はキッチンのきれいさをとても重視すると言えます。というのもキッチンは、主婦がひとりで食事を準備する場所ではなく、社会的な生活において重要な場所だとされているからです。みんなで料理しますし、とりわけ最近の住居では多くの場合、調理する場所と食事する場所とはもはや分かれていません。

　キッチンの機能化は、20世紀に起きました。とりわけ第二次世界大戦後に、安価で機能的なキッチンがとくに重視されていきます。そのシステムキッチンの原型は、ウィーンの建築家マルガレーテ・シュッテ＝リホツキーによって1920年代に提案された「フランクフルト・キッチン」でした。限られた空間を効果的に使い、すべての作業ができるだけ近くで実行できることが目指されたのです。システムキッチンの各部品は、規格化され、大量に生産されています。

　しかし、最近のドイツでは、しょっちゅうお客を家に招くので、キッチンがさらに広く、個性的になりました。自分の家でのパーティーのときにはとくに、人々が集まる場所は、リビングではなくキッチンであることが多いです。そこでは、キッチンが重要な社会的な機能を果たしています。このように、料理し、食べ、そして居住する場なので、この空間を当然きれいに保っておきたいとも思うでしょう。

　開放的なリビングキッチンの流行の中で、ドイツ人のキッチン購入費の平均価格も上昇しています。多くのドイツ人にとってキッチンはステイタスシンボルでもあり、他人に見てもらうためのものです。だからこそ、もちろんお手入れをしておきたいわけです。

Rationalisierung	機能化、合理化
sich ins Zeug legen	尽力する
Einbauküche	システムキッチン
Standardmodul	（規格化された）部品ユニット
Statussymbol	ステイタスシンボル
Vorzeigeobjekt	他人に見てもらうもの

> **Womit ist eine Standard-Küche in Deutschland ausgestattet?**

J Womit ist eine Standard-Küche in Deutschland ausgestattet?

D Also zu jeder deutschen Küche gehört auf jeden Fall ein Herd, der auch mit einem Backofen ausgestattet ist. Das findet man in Japan nicht ganz so häufig, oder?

J Stimmt, wir backen nicht so viel wie die Deutschen, deswegen reicht meistens auch die Backfunktion in der Mikrowelle. Aber in Einfamilienhäusern gibt es in letzter Zeit immer mehr Backöfen.

D Aber Geschirrspüler haben sich noch nicht so durchgesetzt, oder?

J Stimmt, die sieht man seltener.

D Also ich könnte mir das Leben ohne Geschirrspüler nicht mehr vorstellen.

J Und was gehört sonst noch zur Ausstattung einer typisch deutschen Küche?

D Natürlich jede Menge Besteck und verschiedene Gläser für alle Gelegenheiten. Man verwendet ja für Fisch und Fleisch unterschiedliche Bestecksets und für Bier, Wein und alkoholfreie Getränke unterschiedliche Gläser. Und da man häufiger Besuch empfängt, braucht man alles in vielfacher Ausführung.

J Wow! Kein Wunder, dass die Deutschen zur Hochzeit so oft Geschirr verschenken. Da kann man ja scheinbar nicht genug davon haben.

D Und natürlich braucht man auch gutes Porzellan für etwas feierlichere Anlässe wie Geburtstage, zum Beispiel von Meißen. Das wird meistens über Generationen hinweg vererbt.

ドイツの標準的なキッチンはどんな感じ？

日 ドイツの標準的なキッチンはどんな感じですか？

ド ドイツのキッチンに当然備わっているもの、それはオーブンのついたコンロです。日本ではそれほど見かけませんよね。

日 そうですね。私たちはドイツ人ほどパンやケーキを焼かないですから、たいてい電子レンジのオーブン機能で事足りるんです。でも、一戸建てならオーブンのある家も最近多いですよ。

ド 食器洗浄機はそんなに広まっていないでしょう？

日 そうですね、あまり見ないです。

ド 私には食洗機のない生活なんてもう想像できませんよ。

日 ドイツの典型的なキッチンには、ほかに何が備わっていますか？

ド もちろん、さまざまなナイフ・フォーク・スプーンのセット、そしてさまざま用途に合わせたコップなどですね。魚と肉とでは違うナイフとフォークのセットを使いますし、ビール、ワイン、ノンアルコールの飲み物では違うグラスを使います。お客さんを迎えることが多いので、すべて何セットも持っています。

日 わぁ、それならドイツ人が結婚式によく食器を贈るのもうなずけますね。多すぎて困るってことはなさそうだし。

ド もちろん誕生日のようなお祝いのときには、たとえば、マイセン磁器のような良質の陶磁器製の食器が必要です。高級な磁器は代々受け継がれていくのです。

14 どうやって Du と Sie を使い分けるのですか？
Wann duzt man sich und wann siezt man sich?

Auch für die Deutschen ist die Frage nach dem „Du" oder „Sie" nicht immer ganz leicht, jedenfalls nicht, wenn man erwachsen ist. Als Kind hat man es einfacher, denn man duzt einfach alle anderen Kinder und siezt alle Erwachsenen (natürlich bis auf die eigene Familie). Doch spätestens, wenn man ins Berufsleben einsteigt, muss man immer überlegen, wen man mit „Du" anspricht und wen mit „Sie". Es gelten dabei ein paar Faustregeln, aber es ist in jedem Fall Fingerspitzengefühl gefragt.

Generell spricht man erstmal jeden unbekannten Erwachsenen mit „Sie" an. Wenn man sich später besser kennengelernt hat, kann man überlegen, ob man sein Gegenüber duzen möchte oder nicht. Normalerweise sollte immer der Ältere dem Jüngeren und der Ranghöhere dem Rangniederen das „Du" anbieten. Es ist Tabu, das „Du" zu erbitten, man sollte es immer anbieten. Ein einseitiges Duzen wird ebenfalls als unschicklich angesehen. Wenn man einmal per „Du" war, ist es eher unüblich, wieder zum „Sie" zurückzukehren. Dies passiert eigentlich nur, wenn man sich gestritten hat.

In manchen Berufssparten wie zum Beispiel in der IT-Branche oder unter Handwerkern ist es üblich, gleich von vornherein zu duzen. Auch Studenten duzen sich im Regelfall untereinander, mit den Dozenten bleibt man jedoch beim „Sie". In manchen Modegeschäften oder in der Werbung wird ebenfalls das „Du" verwendet, um ein jugendliches Image aufzubauen. Wenn man sich untereinander duzt, zeugt das meistens von einem vertrauten, freundschaftlichen Gefühl. Im Internet wird in Diskussionsforen fast immer geduzt, bei Handelsplattformen wie eBay oder Amazon jedoch gesiezt, da es hier ums Geschäftliche geht. Es gibt viele Deutsche, denen gerade am Arbeitsplatz das „Sie" lieber ist, um eine gewisse Distanz zu wahren. Daher sollte man immer fragen, bevor man vom „Sie" zum „Du" wechselt.

ドイツ人にとってもDu（君）かSie（あなた）のどちらを用いるかという問題は、いつも簡単に答えを出せるわけではありません。とくに大人になると難しいです。子どものころは簡単で、というのもほかの子どもたち皆には単純にDuを使い、大人すべてにはSieを用いるからです（もちろん、自分の家族は除きます）。しかし遅くとも、仕事を始めるころには、誰にDuで話しかけるか、そして誰にSieを使うのかについて、いつも思案しなければなりません。そういうときに、おおまかな規則はありますが、そのときどきの勘に頼らねばなりません。

　概して、初対面ならどんな知らない大人に対しても、Sieを使って話しかけます。後でさらによく知り合う関係になると、その相手にDuを使うか使わないかどうしようかと思い悩みます。一般的に、常に年長者は年少者に、地位の高い者は低い者に対してDuを用いようと申し出るのが通例です。Duを使いたいと懇願するのはタブーで、さりげなく申し出るものです。片方だけがDuで呼ぶのも、ぶしつけだとされます。一度、Duを使った場合、再びSieを使う関係に戻ることはまれです。実際には、お互いがケンカをした場合にだけ、このようなことが生じます。

　多くの職業分野、たとえばIT業界あるいは職人たちの中では、最初からDuを使って呼びます。学生同士も、通例はDuで呼び合いますが、教員とはSieの関係のままで話します。ショップや広告でも、若いイメージ作りのためにDuが用いられています。お互いにDuを使うのは、たいていは相手を信頼し、友好的な感情を持っている証拠です。ネット上で、議論の場ではほぼDuが使われています。しかし、eBayあるいはAmazonなどのような取引サイトでは、商談に関わることですからSieを用います。適当な距離を保ちたいから、職場ではSieを用いるのを好むドイツ人も多いです。だから、SieからDuへと呼び方を変える前に尋ねねばならないのです。

Ranghöhere	年長者
Rangniedere	年少者
Berufssparte	職業分野
Dozent	教員
Faustregel	おおまかな規則
Fingerspitzengefühl	勘
von vornherein	初めから

Wie bietet man denn am besten das Du an?

J Wie bietet man denn am besten das Du an?

D Das kann man auf unterschiedlichem Wege tun. Die meisten tun es etwa so: „Wir kennen uns jetzt schon so lange – wollen wir da nicht vielleicht du sagen?". Manchmal macht man es aber auch etwas indirekter, also zum Beispiel: „Ich bin übrigens Paula. Hättest du etwas dagegen, wenn ich dich Peter nenne?"

J Ah, ich verstehe! Wenn man sich beim Vornamen nennt, ist man ja auf Du mit demjenigen.

D Ja. Es gibt allerdings eine kleine Sonderform, nämlich das „Hamburger Sie". Das ist ein Mittelweg, wo man sich mit dem Vornamen anspricht, aber trotzdem siezt. Zum Beispiel in internationalen Unternehmen, wo die Firmensprache Englisch ist, da gibt es schließlich nur „you". US-Amerikaner reden sich ja oft beim Vornamen an, aber wenn man dann untereinander auf deutsch spricht, fühlt man sich nicht vertraut genug für ein „Du". Man möchte lieber Distanz wahren und sagt dann so was wie: „Paul, könnten Sie das hier kopieren?"

J Verstehe. Also ist ein gegenseitiges „Du" ein Zeichen der Vertrautheit?

D Genau. Vertrauter als „Du" geht nicht. Wobei - die Deutschen lassen sich alles mögliche einfallen, um ihre Zuneigung auszudrücken. Zum Beispiel mit lustigen Spitznamen. Die kommen meistens irgendwie aus dem Tierreich, also so was wie „Kätzchen", „Häschen" oder „Bärchen". Und auch sonst sind sie nicht unkreativ. Unter Päärchen nennt man sich untereinander „Schnuckiputzi", „Schatzilein" oder „Mein Liebling".

J Ah, das sieht man doch manchmal auf den Lebkuchenherzen, die es beim Oktoberfest oder auf dem Weihnachtsmarkt zu kaufen gibt. Und wo wir jetzt schon so viel über „Du" und „Sie" geredet haben – wollen wir uns nicht vielleicht auch duzen?

D Ja, klar! Sehr gerne!

Du を使いたいときはどうすればいい？

日 どうやって Du を申し出るのがいいんでしょう？

ド いろんな方法がありますよ。こう言うことが多いでしょうか。「知り合ってずいぶんたつから、Du で呼び合うことにしませんか？」って。もう少し間接的に言う人もいます。「じゃあ、私はパウラで。イヤじゃなかったら、私もペーターって呼んでもいい？」のように。

日 なるほど、わかりました！ ファーストネームで名乗るということは、相手に Du で呼びかけるってことですね。

ド はい。ただし、「ハンブルクの Sie」というちょっとした変種もあります。相手にファーストネームで話しかけながら、Sie を使うという折衷です。たとえば、社内公用語が英語であるようなインターナショナルな企業で使われます。（英語では）You しかないからです。アメリカ人はよくファーストネームで話しますが、ドイツ語で話すときは、まだ Du を使うほど親しくないと感じることがあります。距離をとりたいときに、「パウル、この部分のコピーを取っていただけませんか？」のように言うのです。

日 なるほど。お互いに Du で呼び合うことは信頼の証なんですね。

ド そういうことです。Du 以上の親称はありません。そこで、愛情を示すために、ドイツ人はあらゆることを考えつきます。たとえば愉快なニックネームです。だいたい動物からつけられることが多くて、「子猫ちゃん」「子うさぎちゃん」「熊さん」などがあります。なかなか創造的ですね。カップルの間では、お互いを「かわいい人（子羊ちゃん）」「宝物」「大事な人」なんて呼び合います。

日 ああ、オクトーバーフェストやクリスマス市で売ってるレープクーヘンに書いてありますね。じゃあ、Du と Sie について語ったことだし、私たちも Du で呼び合うことにしない？

ド もちろん、よろこんで！

15　ドイツならではの教育方法ってありますか？
Gibt es so etwas wie eine „typisch deutsche Erziehung"?

Die deutsche Kindererziehung hat sich im Laufe des letzten Jahrhunderts stark gewandelt. Früher war der deutsche Erziehungsstil stark autoritär geprägt, das heißt Disziplin und Gehorsam gegenüber den eigenen Eltern stand an erster Stelle. Die Kinder sollten im Sinne preußischer Traditionen zu braven und folgsamen, sowie mit guten Manieren ausgestatteten Menschen erzogen werden. Zu dieser Zeit wurde die Prügelstrafe sowohl zuhause als auch in den Schulen als völlig normal angesehen.

Doch die Studentenbewegung in den 60er Jahren brachte große gesellschaftliche Veränderungen mit sich, wie das Konzept der antiautoritären Erziehung und die Frauenbewegung, die auch die Rolle der Mutter veränderte. Galten viele Kinder früher noch als erstrebenswert, ist Paaren durch die Einführung der Pille in den 60er Jahren noch einfacher die Möglichkeit gegeben, sich für eine Kleinfamilie oder ganz gegen Kinder zu entscheiden.

Im Gegensatz zu früher haben Eltern mehr Pflichten und Kinder mehr Rechte. Man möchte klare Grenzen ziehen, doch inzwischen ist der Erziehungsstil mehr von dem Gedanken geprägt, dass sich der Nachwuchs frei entfalten sollte. Laut einer Umfrage fühlen sich viele Eltern überfordert von den vielfältigen Informationen zum richtigen Stillverhalten, Schlafgewohnheiten und anderen Entscheidungen, wie der Frage nach Kinderwagen oder Tragetuch. Die Meinungen gehen hier sehr weit auseinander.

Eine weitere Form der Erziehung, die jedoch bisher wenig gesellschaftliche Akzeptanz findet, ist „Laissez-faire", eine Form des antiautoritären Erziehungsstils. Durch die Nichtsetzung von Grenzen und das Fehlen erzieherischer Kontrolle haben diese Kinder alle Freiheiten, die sie sich selbst nehmen und fallen so im öffentlichen Raum oft durch unangepasstes Verhalten auf, bei dem die Eltern auch nicht einschreiten.

ドイツの子どもの教育は、前世紀の間にすっかり変わりました。かつてドイツの教育スタイルは、きわめて権威主義的なものでした。つまり、自身の親に対する規律と服従が最優先されていました。子どもはプロイセン的伝統においては、礼儀正しく柔順である、つまり良きマナーを身につけた人物へと教育すべきだとされていました。当時は、家でも学校でも体罰がごく当然のことだと考えられていました。

　しかし、1960年代の学生運動によって、大きな社会的変化が訪れ、それは反権威的な教育という考え方や母親の役割も変容させた女性運動を伴ったものでした。かつては子だくさんが理想とされていましたが、60年代にピルが導入されると、核家族を選んだり、子どもを持たなかったりすることが、容易に選択できるようになりました。

　かつてとは反対に、親にはより多くの義務が生じ、子どもはより多くの権利を獲得しました。子どもにははっきりしたルールを設けたいと思う一方で、十分に才能を伸ばせるように育てるべきだという考え方がより支配的になっています。あるアンケートによると、多くの親は、正しい授乳の仕方、寝かせ方、そしてベビーカーや抱っこひもはどれがいいのかといったことなど、情報が多すぎると感じています。これらに関して、意見が非常に大きく分かれてしまっています。

　もうひとつ、今までほとんど社会的には認められなかった教育のあり方が、「放任」つまり反権威主義的な教育スタイルのひとつです。これはOKとNGの境界を引かず、教育のコントロールをしないことで、子どもたちは思いのまま完全に自由気ままに振る舞うのです。公共空間でその場にふさわしくない行為をして目立つこともありますが、親はそれでも干渉することはありません。

Manier	マナー
antiautoritär	反権威主義的な
erstrebenswert	努力する価値のある
Pille	ピル
Stillverhalten	授乳方法
Laissez-faire	自由放任主義
weit auseinander gehen	大きく分かれる

Gibt es denn in Deutschland auch Früherziehung?

J Gibt es denn in Deutschland auch Früherziehung? In Japan versucht man den Kindern möglichst frühzeitig Englisch oder so was beizubringen.

D Hmm... ich glaube eigentlich eher weniger. Wobei, viele Eltern schwören auf musikalische Früherziehung. Hier war übrigens die japanische Firma Yamaha ein Vorreiter. Aber die meisten Eltern glauben, dass man Kinder eher spielen und sich austoben lassen sollte, bevor der Ernst des Lebens losgeht.

J Der „Ernst des Lebens"?

D Das sagt man scherzhaft, damit ist die Einschulung gemeint. Da bekommen die deutschen Kinder übrigens immer eine große zylinderförmige Schultüte mit vielen Süßigkeiten und Spielzeugen drin.

J Also, da bin ich ja jetzt ein bisschen neidisch. Ich hab damals nur eine kleine Federtasche und meinen Schulranzen bekommen.

D Die kriegen die Kinder in Deutschland natürlich auch. Aber Spielzeuge und Süßigkeiten sind meistens auch in der Schultüte. Sonst wäre es ja langweilig.

J Was sind da so für Spielzeuge drin? Ich hab gehört, dass deutsches Holzspielzeug sehr hochwertig sein soll.

D Ja, schon. Aber das ist eher für Kleinkinder. Kinder im Grundschulalter spielen glaube ich eher mit Lego oder Playmobil. Und kennst du „Malen nach Zahlen"? Das hat eigentlich auch jedes Kind schon mal gemacht. Man hat ein vorgegebenes Bild, in dem viele farblose Flächen sind. In jeder Fläche steht eine Nummer und die muss mit der entsprechenden Farbe ausgemalt werden. Das macht viel Spaß und das kriegt auch jeder hin.

ドイツにも早期教育ってありますか？

日 ドイツにも早期教育ってあるの？　日本では子どもになるべく早いうちから英語か何かを学ばせようとするよね。

ド うーん、そんなにないかなぁ。多くの親は音楽の早期教育は信頼しているようだけども。実は、この分野では日本企業のヤマハが先駆けなんですよ。でも、多くの親は、人生の厳しさが始まる前に、子どもは思い切り遊ばせるべきだと考えているよ。

日 「人生の厳しさ」？

ド 入学のことを冗談めかしてこう言うんだ。ところで、入学時には、ドイツの子どもたちはお菓子やおもちゃの入った円錐形の入学祝いの袋をもらうんだよ。

日 なんだかうらやましいね。自分なんて、小さいペンケースとランドセルしかもらえなかったもの。

ド それはドイツでも、もらうよ。でも、おもちゃとお菓子もお祝い袋に入っているんだ。そうじゃなきゃ、なんだかつまらないでしょ。

日 どんなおもちゃが入っているの？　ドイツの木製玩具は値打ちものだって聞いたけども。

ド そのとおりだけど、それはどちらかというともっと幼い子向けだね。小学生はレゴブロックやプレイモービルで遊ぶんじゃないかな。「ペイント・バイ・ナンバー」って知ってる？　子どもなら、誰もがやったことがあるよ。絵が書いてあって、そこには色のついていないたくさんのコマがある。それぞれのコマには数字が書いてあって、そこを指定された色で塗っていくんだ。とても楽しいし、誰でもうまく塗れるんだよ。

16 ドイツの結婚式はどんな感じですか？
Wie heiratet man eigentlich in Deutschland?

In letzter Zeit geht die Zahl der Deutschen, die den „Bund fürs Leben" eingehen, jedes Jahr zurück. Grund dafür ist, dass es sich schon lange nicht mehr um einen „Bund fürs Leben" handelt. Man kann über den Daumen gepeilt sagen, dass heutzutage jede zweite Ehe geschieden wird. Und da selbst eine einvernehmliche Scheidung mit viel Aufwand und vielen Kosten verbunden ist, heiraten viele gar nicht erst.

Wer sich jedoch trotzdem für eine Hochzeit entscheidet, heiratet meist standesamtlich, also auf dem Rathaus. Die Registrierung der Ehe geht sehr viel festlicher zu als in Japan: Man macht viele Monate im Voraus einen Termin und wird am Tag direkt in ein kleines Nebenzimmer geführt, das schön dekoriert ist und in dem vom Paar ausgesuchte Musik gespielt wird. In diesem Raum ist Platz für Familienmitglieder und enge Freunde, die der Trauung beiwohnen. Bevor beide Ehegatten unterschreiben, spricht der Standesbeamte einige Worte zur Ehe und fragt beide, ob sie sich in ihrer Entscheidung sicher sind.

Nach der Zeremonie wechselt man den Ort und feiert in einem Restaurant weiter. Zu dieser eigentlichen Feier kommen noch weitere Gäste hinzu und jeder bringt seinen Partner mit. Es wird sehr viel getanzt und es werden Spiele gespielt. Die ganze Feier dauert meist ca. 6-8 Stunden. Die Hochzeit wird komplett vom Brautpaar bezahlt und die Gäste bringen Geschenke mit. Früher war es üblich, Geschirr oder andere Haushaltsgegenstände zu schenken. Doch da die meisten deutschen Paare heutzutage schon vor der Hochzeit zusammenleben und daher nichts mehr brauchen, sind inzwischen auch Geldgeschenke üblich.

Eine weitere Besonderheit einer deutschen Hochzeit ist, dass man einen Tag vorher einen „Polterabend" veranstaltet. In Deutschland gibt es das Sprichwort „Scherben bringen Glück", daher zerbrechen die Gäste altes Geschirr, welches das Brautpaar hinterher gemeinsam aufräumen muss.

最近、「永遠のちぎり」を結ぶドイツ人の数は年を追うごとに減少しています。その理由は、「永遠のちぎり」がもはや「永遠」ではなくなって久しいからです。大雑把に見積もっても、今日では2組に1組が離婚しています。離婚調停には多くの労力と費用がつきものなので、最初から結婚しないのです。

　しかしそれでも結婚を決めた場合、たいていは戸籍局、つまり市役所で結婚式を挙げます。この婚姻の儀式は日本（の婚姻届提出）よりも、かなり祝祭的な要素が強くなります。何カ月も前に前もって日取りを決め、その当日には美しく飾りつけをし、カップルが選んだ曲を流す小さな小部屋を用意します。この部屋は式に列席する親戚や親しい友人のための場所です。カップルが誓約を交わす前に、戸籍局の担当者は二人にいくつかの言葉を投げかけ、結婚の意志がかたまっているかを問いかけます。

　儀式の後に場所を変え、レストランでさらにお祝いを行います。この実際の祝賀パーティーにはさらにほかの招待客も来て、彼ら・彼女らのパートナーも同行します。大いに踊って、ゲームをします。これらのお祝いは、たいていは全体を通して6〜8時間は行われます。結婚式は新婚夫婦が全額負担し、来客たちはプレゼントを持参します。かつては、食器や家事に関する道具を贈るのが通例でした。しかし今どきは結婚するドイツ人同士がすでに同棲している場合が多く、物は何も要らないので、今や現金という場合もあります。

　ドイツの結婚式の特色はほかに、前日に「ポルターアーベント」が開催されます。ドイツでは、「陶器の破片が福を運ぶ」ということわざがあります。それに従い、客が古いお皿を割り、後で新婚カップルが一緒にそれらを掃除せねばなりません。

Bund fürs Leben	永遠のちぎり
über den Daumen peilen	おおまかに見積もる
standesamtlich	戸籍上の
Polterabend	ポルターアーベント（婚礼前夜の大騒ぎ）

Warum heiraten denn immer weniger Leute in der Kirche?

J Warum heiraten denn immer weniger Leute in der Kirche? Da ist die Atmosphäre doch so schön festlich.

D Klar, aber dafür muss ja mindestens einer der beiden getauft sein.

J Echt jetzt?

D In evangelischen Kirchen reicht es, wenn einer christlich ist, aber in katholischen Kirchen müssen beide christlich sein. Ich glaube, die meisten Paare legen großen Wert auf individuelle Hochzeiten. Mottohochzeiten sind im Moment ziemlich angesagt. Also zum Beispiel ein Wochenende auf dem Bauernhof in einem schönen Landhaus oder auf einer Burg.

J Das hört sich toll an!

D Aber das Tollste an einer deutschen Hochzeit ist meiner Meinung nach nicht die Hochzeit selbst, sondern der Junggesellenabschied. Bevor das Pärchen heiratet, feiern sie einen letzten Abend nochmal so richtig ausgelassen mit ihren Freunden. Die Braut mit ihren Freundinnen und der Bräutigam mit seinen Freunden, also getrennt voneinander. Das sind dann meistens so Gruppen von 5-6 Leuten, die in den gleichen T-Shirts um die Häuser ziehen. Man trinkt jede Menge Alkohol und die Braut bzw. der Bräutigam müssen peinliche Aufgaben erfüllen. Also zum Beispiel wildfremde Menschen auf der Straße ansprechen und ihnen Kondome verkaufen.

J Eh!? Also das wäre mir ja superunangenehm...

D Na, dann darfst du niemals in Deutschland heiraten. Oder du suchst dir einen netten Trauzeugen, der deine Wünsche berücksichtigt. Die jeweiligen Trauzeugen organisieren nämlich den ganzen Abend, der Bräutigam und die Braut werden beide völlig im Dunkeln gelassen.

なぜ教会で結婚する人は少なくなっているのですか？

日 どうして教会で結婚する人は少なくなっているのですか？ 教会なら、雰囲気も荘厳で素敵ですよね。

ド もちろん。ただ、そのためには少なくともどちらかが洗礼を受けていないといけないんですよ。

日 え、そうなんですか？

ド プロテスタントの教会では、どちらかがキリスト教徒であれば十分ですが、カトリックではどちらもキリスト教徒でなければなりません。だいたいのカップルは自分たち独自の結婚式に価値を置いています。自分たちでコンセプトを決める結婚式（モットー結婚式）は今とてもブームです。たとえば、週末に美しい別荘のある農場や城での結婚式です。

日 それはよさそうですね。

ド でも、ドイツの結婚式の一番面白いところは、式そのものではなく、独身さよならパーティー（バチュラーパーティー）だと思います。カップルが結婚する前に、友人たちと羽目を外して祝うんです。花嫁は女友達と、花婿は男友達といったように、別々にです。だいたい5〜6人のグループで、おそろいのTシャツを着て練り歩きます。お酒をたくさん飲んで、花嫁または花婿は恥ずかしい課題をクリアしなければなりません。赤の他人に話しかけてコンドームを売りつける、などです。

日 えー！？ それはすごく困りますね…。

ド じゃあ、ドイツでは結婚しないほうがいいですよ。さもなければ、自分の希望を聞き入れてくれる優しい結婚立会人を見つけるかですね。立会人がその夕べを取り仕切るんですが、花婿と花嫁には一切何も知らされないんです。

17　大晦日には何をするの？
Wie verbringen Deutsche Silvester?

Während Weihnachten ein Familienfest ist, verbringt man Silvester meist mit Freunden. Es wird ausgelassen gefeiert und oft auch viel Alkohol getrunken. Beliebte Gerichte zu diesem Anlass sind Raclette und Fondue. Aber auch eine sogenannte Feuerzangenbowle wird oft getrunken: Zunächst wird ein mit Rum getränkter Zuckerhut auf eine Feuerzange gelegt. Dieser wird angezündet und tropft in den Rotwein, der sich im Topf darunter befindet.

Die meisten Deutschen sind zwar eher skeptisch gegenüber Horoskopen und Wahrsagerei, doch an Silvester erfreuen sich viele am Bleigießen. Eine kleine Menge an Blei wird auf einen Löffel gelegt und über einer Flamme erhitzt. Anschließend wird sie in eiskaltes Wasser gekippt, wobei interessante Formen entstehen. Diese können anschließend anhand von im Internet zugänglichen Tabellen gedeutet werden.

Im Fernsehen wird traditionell „Dinner for One" geschaut. Es geht um eine alte Frau namens Miss Sophie, die ihren 90. Geburtstag feiern will, doch da bereits alle ihre Freunde verstorben sind, muss ihr Butler James in die Rolle ihrer Gäste schlüpfen und für alle trinken. Da er im Laufe des Abends immer betrunkener wird, kann man sich über seine seltsamen Gesten und Sprüche amüsieren. Die 18-minütige Sendung hat Kultstatus und wird an diesem Tag auf vielen Fernsehsendern wiederholt gesendet.

Feuerwerk kann man in Deutschland nur drei Tage vor Silvester kaufen, die restliche Zeit des Jahres ist der Verkauf verboten. Für viele ist das eigene Anzünden von Knallern und Raketen auf der Straße vor ihren Häusern eine ganz besondere Freude dieses Abends. Da jedoch viele an diesem Abend stark alkoholisiert sind, kommt es immer wieder zu Unfällen und wer am Neujahrsmorgen einen Spaziergang macht, muss sich oft durch die übriggebliebenen Müllberge kämpfen.

クリスマスが家族のお祭りであるのに対して、たいてい大晦日は友人たちと過ごします。大騒ぎしてお酒もたくさん飲むこともあります。この日によく食べるのは、ラクレットやフォンデュです。また「フォイヤーツァンゲンボウル」と呼ばれるお酒も飲みます。これは、まずラム酒を浸した棒砂糖（固形砂糖）を炉ばしに置き、次に、これに点火し、溶けた砂糖を下のボウルに入れた赤ワインにしたたり落とす飲み物です。

　多くのドイツ人は、実は星占いや予言にはやや懐疑的なのですが、大晦日は鉛占いをして楽しむ人がたくさんいます。スプーンに少量の鉛を置き、火で熱します。次にそれを、冷水に落とします。そうすると、面白い形で固まります。そして、これをインターネットに載っている表を使って占うのです。

　テレビでは、長く続く風習として『ディナー・フォー・ワン』を見ます。90歳の誕生日を祝うミス・ソフィーという老女の物語ですが、実は彼女の友人たちは皆、すでに亡くなっています。そこで彼女の執事ジェームスが客人たちの役を演じ、それぞれのお酒を飲みます。そのディナーが進むにつれ、執事がどんどんと酔っ払うので、視聴者は彼のおかしな身振りや話を面白がって楽しみます。この18分の番組はカルト的人気を誇り、この日は数々の放送局が繰り返し放映します。

　ドイツでは、大晦日前の3日間だけ花火を買うことができ、それ以外は販売が禁止されています。多くの人にとって、自宅前の道路で爆竹やロケット花火を自分で飛ばすのが、この夜だけの特別な楽しみです。ただし、大晦日はひどく酔っ払うわけですから、事故も多発しますし、新年の朝に散歩をすれば、ゴミの山を避けて通るのに苦労します。

Feuerzangenbowle	フォイアーツァンゲンボウル
Zuckerhut	棒砂糖
Feuerzange	炉ばし
Horoskop	星占い
Wahrsagerei	占い
Bleigießen	鉛占い
Kultstatus	カルト的人気
Knaller	爆竹

Wo kann man denn den Jahreswechsel am besten verbringen?

J Wo kann man denn den Jahreswechsel am besten verbringen?

D Da würden jetzt sicherlich viele mit „Berlin" antworten, da findet nämlich die größte Silvesterparty Deutschlands statt. Aber um in die Nähe des Brandenburger Tors zu kommen, muss man erst mal einen strengen Sicherheitscheck durchlaufen, weil zum Beispiel das Mitnehmen von Glasflaschen verboten ist. Außerdem sind da so große Menschenmassen und es ist um die Zeit saukalt, so dass man das große Feuerwerk gar nicht richtig genießen kann. Ich finde, man kann es im Fernsehen viel schöner sehen.

J Also sollte man Silvester zuhause vorm Fernseher verbringen? Aber ich denke, die Deutschen feiern große Partys.

D Klar, zu Hause kann man doch auch super feiern!

J Aber stört das die Nachbarn denn nicht?

D An Silvester ist es eh so laut durch die ganze Knallerei draußen, da stört sich doch niemand an einer Party nebenan. Außerdem sind die Wände nicht so hellhörig wie in Japan.

J Wird denn wirklich so viel geknallt?

D Oh ja, wahnsinnig viel! Das geht meistens schon am Nachmittag los und geht bis früh in die Morgenstunden des 1. Januar. Ursprünglich war das laute Knallen mal ein Brauch, um böse Geister auszutreiben, aber inzwischen macht man das nur noch zum Spaß. Die Deutschen geben wohl jedes Jahr ungefähr 120 Millionen Euro dafür aus.

J Unglaublich!

D Ja, unglaublich sind auch die ganzen Unfälle, die dadurch passieren. Die Feuerwehr muss ständig ausrücken, um Brände von Autos zu löschen und Menschen ins Krankenhaus zu bringen. Das ist wirklich eine ziemlich verrückte Nacht.

年越しはどの街で過ごすのがいいのかな？

日 年越しはどの街で過ごすのがいいのかな？

ド やっぱり多くの人は「ベルリンだ」と答えるだろうね。ドイツ最大の年越しパーティーもあるし。ただ、ブランデンブルク門周辺に行くなら、たとえばガラス瓶の持ち込みが禁じられているので、厳しいセキュリティーチェックを受けなきゃならない。それに人混みがすごいし、その時間帯はものすごく寒いので、壮大な花火が結局楽しめないこともしばしば。テレビのほうが、花火をきれいに見られるんじゃないかな。

日 じゃあ、大晦日は家でテレビを観てるのがいいってこと？　でも、ドイツ人はパーティー好きだよね。

ド もちろん。家でだってサイコーに祝えるよ。

日 隣人に迷惑ではないの？

ド 大晦日には外でも爆竹がうるさいんだ。隣でパーティーしたって邪魔にはならないよ。しかも、日本の壁のように隣の音が筒抜けではないし。

日 そんなにたくさんの爆竹が鳴るの？

ド それはすさまじいよ！　たいてい午後に始まって１月１日の早朝まで続くんだ。もともとは悪い霊を追い払うための風習だったんだけど、いまや楽しみのためだけにやっているね。ドイツ人は毎年このために１億2000万ユーロも使うんだよ。

日 信じられない！

ド 信じられないのは、そのとき起こる事故もさ。燃えた車を鎮火したり、人を病院に運んだりで、消防はしょっちゅう出動しなきゃいけないんだ。本当にかなりイカれた夜だよ。

18　どれくらいのベジタリアンがいるのかな？
Wie viele Vegetarier gibt es tatsächlich in Deutschland?

Die Zahlen über den Anteil der Bevölkerung, die sich vegetarisch ernährt, schwanken zwar von Quelle zu Quelle, aber man geht inzwischen davon aus, dass fast jeder 10. Deutsche auf den Konsum von Fleisch und Fisch verzichtet. Damit liegt Deutschland im europäischen Vergleich ganz vorn. Es gibt viele Arten von Vegetariern: Manche verzichten zusätzlich auch noch auf Milchprodukte (Ovo-Vegetarier), andere auf Eier (Lacto-Vegetarier) und wieder andere auf beides. Letztere werden „Veganer" genannt und es gibt nach neuesten Schätzungen in Deutschland ca. eine Million von ihnen.

Vegetarier, die nur auf Fleisch und Fisch verzichten, haben es zumindest in den Großstädten beim Einkauf nicht besonders schwer. Es gibt nämlich viele spezielle Supermärkte, die sich auf Vegetarier spezialisieren und die Inhaltsstoffe ihrer Produkte genau kennzeichnen. Und auch im Restaurant findet sich auf der Speisekarte eigentlich so gut wie immer auch mindestens ein vegetarisches Hauptgericht. In Japan haben es Vegetarier meistens schon deswegen nicht leicht, weil fast alle traditionellen Gerichte mit „Dashi" (Fischbouillon) hergestellt werden, also Fisch enthalten.

Die Gründe für den Vegetarismus sind vielfältig. Einige Menschen ernähren sich aus gesundheitlichen Gründen auf diese Art und Weise, doch für die meisten steht der Tier- und Umweltschutz im Vordergrund. Sie lehnen Massentierhaltung und Tierversuche ab und möchten den Anteil der ausgestoßenen Treibhausgase verringern, der durch die Viehhaltung entsteht. Veganer gehen hier noch einen Schritt weiter: Sie verzichten nicht nur bei der Ernährung, sondern in allen Lebensbereichen komplett auf tierische Produkte wie z.B. Lederhandtaschen, tierische Kosmetik oder Daunenbettwäsche.Bekannte vegetarische Alternativen für bestimmte Lebensmittel sind zum Beispiel Sojamilch und pflanzliche Brotaufstriche (teilweise mit Fleischgeschmack).

ベジタリアン人口は資料によって差がありますが、ここ最近ではドイツ人のほぼ10人に1人が肉と魚を食べないとされています。これはヨーロッパ内で比較すると、ドイツは高い割合になっています。ベジタリアンには数多くのタイプがあります。つまり、さらに乳製品まで摂取しないという「オボ・ベジタリアン」、タマゴを食べない「ラクト・ベジタリアン」、そしてその両方を食さないタイプです。最後のタイプは「ビーガン」と呼ばれ、最新のドイツの統計では約100万人がいると言われています。

　肉と魚を食べないベジタリアンは、大都市なら買い物をする際にそれほど苦労はしません。つまり、ベジタリアン向けで製品の成分表示を正確に行っている特別なスーパーマーケットがたくさんあるからです。レストランでもメニューには必ずメインディッシュ一品はベジタリアン食が載っています。ベジタリアンが日本で食事をするのは楽ではありません。たいていの場合、伝統的な料理にはほぼすべてに「ダシ（魚のダシ）」が使われているからです。つまり魚を含んでいるのです。

　菜食主義になる理由はさまざまです。何割かは、健康上の理由からこのような食生活を送っていますが、多くの人にとっては動物保護や環境保護が重要な位置を占めています。大量飼育や動物実験などに反対し、家畜を飼育することによって排出される温室効果を生みだすガスを減らしたいと思っています。ビーガンはさらにもう一歩進んでいます。彼ら・彼女らは食べ物だけでなく、あらゆる生活範囲において完全に動物性の製品を使いません。たとえば、革製のハンドバック、動物由来の成分を含む化粧品あるいは羽毛入り寝具です。ベジタリアン用のよく知られた代替食品には、たとえば、豆乳や植物性のスプレッド（ものによっては肉味がします）があります。

schwanken	揺れる
Veganer	ビーガン
vielfältig	多様な
auf diese Art und Weise	こうしたやり方で
Massentierhaltung	大量飼育
Daunenbettwäsche	羽毛寝具
Brotaufstrich	スプレッド

Kann man einen Vegetarier denn irgendwie erkennen?

J Ich hätte nicht gedacht, dass es so viele Vegetarier gibt! In Japan habe ich bisher noch nie einen getroffen, glaube ich.

D Es sind auf jeden Fall viel weniger als in Deutschland. Dabei haben die Japaner sich doch früher aus religiösen Gründen lange Zeit fleischlos ernährt. Aber wer weiß, vielleicht hast du ja doch schon mal einen Vegetarier in Japan getroffen und hast es nur nicht bemerkt. Auch viele berühmte Persönlichkeiten, die man häufiger im Fernsehen sieht, sind Vegetarier. Zum Beispiel Boris Becker, Bill Clinton, Paul McCartney oder Brad Pitt.

J Oh, das wusste ich gar nicht! Kann man einen Vegetarier denn irgendwie erkennen?

D Na, daran, dass er kein Fleisch isst.

J Haha, sehr witzig.

D Aber es gibt wirklich keine „typischen" Vegetarier. Tendenziell kann man vielleicht sagen, dass viele weiblich und jung sind. Außerdem gibt es glaube ich mehr Vegetarier in Großstädten als auf dem Land. Man kann ja in der Stadt viel leichter vegetarisches und veganes Essen kaufen.

J Das würde ich ja wirklich gern mal ausprobieren, um zu sehen, wie es schmeckt.

D Kannst du doch! Sie sind zwar nicht so häufig wie in Deutschland, aber auch in Tokyo gibt es vegane Restaurants. Und all zu teuer sind sie auch nicht. Es ist wirklich unglaublich, was es da alles gibt! Man könnte glauben, dass man in eine echte Wurst beißt, aber es sind nur pflanzliche Inhaltsstoffe enthalten.

どうやってベジタリアンかどうかわかるのかな？

日 そんなに多くのベジタリアンがいるなんて知らなかったです！ 日本では、ベジタリアンの人に会ったことがないと思う。

ド もちろん、ドイツに比べたら少ないだろうね。でも、日本人も昔は宗教上の理由で長らく肉を食べてなかったでしょう。あるいは、ベジタリアンに会っても気づかなかっただけかもしれないよ。テレビでよく見るような有名人だってベジタリアンということがありますからね。たとえば、ボリス・ベッカー、ビル・クリントン、ポール・マッカートニー、それにブラッド・ピットも。

日 へぇ、知らなかった！ どうやってベジタリアンかどうかわかるのかな？

ド うーん、肉を食べないってことじゃないかな。

日 ハハ、何それ。

ド いや実際にも、典型的なベジタリアンなんていないんだ。傾向としては、女性と若者に多いかなってくらいかな。それから、地方より大都市だね。都市のほうが、ベジタリアンやビーガン向けの食べ物は簡単に手に入るしね。

日 どんな味がするのか一度試してみたいな。

ド 実は食べられるんだ！ ドイツほど多くはないだろうけども、東京にもビーガンレストランはあるよ。高すぎることはないね。そして、信じられないほど何でもある！ 本物のソーセージかと思って食べてみると、植物性のものでできていたり。

キーワード①

Föderalismusreform

　連邦制度改革。2006年と2009年に実施された。連邦政府（中央）とドイツの全16州との間での権限に関する取り決めを改革した。とくに閉店法に関しては、2006年の連邦制度改革によって各州が独自の閉店時間を定めることとなった。

Alkopop

　甘めのアルコールカクテル飲料を指す。主に瓶入りで販売されている。ウォッカなどの高アルコール飲料を用いているが、アルコール臭さが消えているのでソフトドリンクのように飲みやすい。そのため、とくに若者のアルコールの常習化を引き起こしたので、2000年代のドイツで問題となった。

Döner Kebab

　ドネル・ケバブ。トルコ発祥だとされる料理だが、ドイツで人気となり、今やヨーロッパや日本でも「ドイツ風」のドネル・ケバブが出されている場合が多い。味付けをした肉を積み重ねて串に刺し、垂直にして回転させながら焼き色がついたら削り取るように切る。それを野菜やソースなどと一緒にピタパンに挟んで食べる。ドイツではだいたい300円から500円くらいで購入することができる。

地理歴史

第2章

Landeskunde

19 ドイツで人気のある歴史上の人物は誰ですか？
Wer sind beliebte historische Persönlichkeiten in Deutschland?

Es gibt mehr berühmte Deutsche als man denkt. Dazu gehören natürlich Musiker, Schriftsteller und Philosophen. Auch der Erfinder des Buchdrucks ist ein Deutscher gewesen (Johannes Gutenberg). Sie haben in ihren Bereichen großes geleistet und werden dafür auch entsprechend geehrt.

Auch „Friedrich der Große" (1712-1786) ist einer von diesen Persönlichkeiten. Er war König von Preußen und folgte seinem Vater, König Friedrich Wilhelm I. auf den Thron. Dieser war sehr streng und duldete keinen Widerstand. Doch Friedrich II. war interessiert an Philosophie und Musik und versuchte mit 18 Jahren vom Königshof zu fliehen. Zur Strafe ließ sein Vater seinen besten Freund Katte hinrichten, der ihm bei dem Fluchtversuch behilflich war. Nach einer eher unglücklichen Kindheit, bestieg er 1740 nach dem Tod seines Vaters den Königsthron. Er führte während seiner Zeit als Staatsoberhaupt viele erfolgreiche Schlachten, die jedoch für die preußische Armee mitunter sehr verlustreich endeten. Doch durch seine politischen Strategien schaffte er es, Preußen als eine der fünf europäischen Großmächte (neben England, Frankreich, Österreich und Russland) zu etablieren.

Er war ein aufgeklärter Monarch und sorgte für viele Reformen. Unter anderem schaffe er die Folter ab und gewährte Religionsfreiheit mit seinem berühmten Ausspruch: „Jeder soll nach seiner Façon selig werden". Um die Ernährungssituation im Land zu verbessern, ordnete er den vermehrten Anbau von Kartoffeln an, die zu dieser Zeit noch fast unbekannt waren. Der „Alte Fritz" wird auch heute noch mit vielen Denkmälern, besonders in Berlin geehrt. Sein Grab ist in Potsdam, wo er zusammen mit seinen Hunden begraben liegt. Jeden Tag kommen viele Deutsche hierher und legen Kartoffeln als Zeichen ihrer Verehrung auf seinen Grabstein.

有名なドイツ人は、思った以上にたくさんいます。そこには、もちろん音楽家、作家そして哲学者が含まれます。また、活版印刷の発明もドイツ人（ヨハネス・グーテンベルク）によるものでした。彼らは、それぞれの分野で大きな功績をなし、同時にまたそのために顕彰されています。

　フリードリヒ大王（1712〜1786）もまた、そのひとりです。彼はプロイセンの王であり、彼の父フリードリヒ・ヴィルヘルム1世から王座を引き継ぎました。先王は強大で、反乱などは生じませんでした。しかし、フリードリヒ2世は哲学や音楽に関心を持ち、18歳のときに王宮から逃げ出そうとしました。罰として、父は王宮脱出を助けた彼の親友カッテを処刑しました。どちらかといえば不幸な少年時代を過ごした後、1740年に彼は父の死後に王位につきました。彼の治世下では、フリードリヒは数多くの戦争で勝利しました。しかし、それらの戦いはプロイセン軍にとって時として甚大な被害を強いるものだったのです。けれども、彼の政略によって、（イングランド、フランス、オーストリアそしてロシアに並んで）ヨーロッパ5大強国の一国の地位を築くことに成功しました。

　彼は啓蒙君主で、数々の改革をもたらしました。たとえば、拷問を廃止し、「それぞれが自分のやり方で幸福になるべきである」という名言によって信教の自由を認めました。国内の栄養状態を改善するために、当時はまだほとんど知られていなかったじゃがいもをより多く栽培するように指示しました。「老フリッツ」は今日においても、とくにベルリンでは多くの記念碑によって讃えられています。彼の墓はポツダムにあり、彼の飼い犬たちとともに埋葬されています。日々、多くのドイツ人が当地を訪れ、じゃがいもを彼の墓石の上に尊敬の証として置いていきます。

dulden	認める
hinrichten lassen	処刑させる
Königsthron	王位
Staatsoberhaupt	国家元首
etablieren	築く
Folter	拷問
Façon	生活様式

Ist der „Märchenkönig" Ludwig II. in Deutschland beliebt?

J Man kann also sagen, dass Friedrich der Große eine beliebte Persönlichkeit ist, ja?

D Natürlich gibt es auch Kritik an seiner Persönlichkeit, aber im Allgemeinen wird er zumindest im Gebiet des ehemaligen Preußens immer noch sehr verehrt.

J Und wie sieht es so im Restteil von Deutschland aus? Was ist zum Beispiel mit dem „Märchenkönig" Ludwig II.?

D Der ist als Erbauer vom Schloss Neuschwanstein natürlich recht bekannt, aber wirklich beliebt ist er nicht. Er war schließlich etwas verrückt und hat daher die meisten Entscheidungen nicht im Sinne des Volkes, sondern hauptsächlich aus persönlich orientierten Motiven heraus getroffen. Da fallen mir doch eher einige berühmte Politiker der Nachkriegszeit ein.

J Politiker!? Die genießen hierzulande meistens keinen besonders guten Ruf.

D In Deutschland sind die Leute in letzter Zeit auch meistens nicht besonders gut auf Politiker zu sprechen. Aber gerade der erste Bundeskanzler der BRD, Konrad Adenauer, oder der Bundespräsident Richard von Weizsäcker genießen großes Ansehen. Und natürlich der ständig rauchende Altkanzler Helmut Schmidt. Wenn man etwas weiter in der Geschichte zurückgeht, stößt man unweigerlich auch auf Otto von Bismarck. Der ist ja auch in Japan ziemlich bekannt, oder?

J Oh ja! Es gibt ja hier sogar eine „Pizza Bismarck".

D Echt jetzt? Davon hab ich ja noch nie gehört. Verrückte Welt!

メルヘン王・ルートヴィヒ２世は人気がありますか？

日 フリードリヒ大王は、ドイツで好かれている人物だと言ってよいのですよね？

ド もちろん、彼の人物像に対する批判もあります。しかし一般的には、かつてのプロイセンだった地域では少なくとも、慕われていると言えます。

日 では、ドイツのほかの地域ではどうなんですか？ たとえば、かの「メルヘン王」ルートヴィヒ２世なんかはどうでしょうか？

ド 彼は、ノイシュヴァンシュタイン城を建てた人物として確かに有名ですが、実際に好かれているかというとそれは違います。彼は最後にはやや精神錯乱状態でしたので、彼の決定は民衆の意に沿ったものではなく、主に個人的な動機から決められていたのです。それより、有名な戦後の政治家が思い浮かぶかな。

日 政治家ですって？ 日本では、あまり評判がよくないのですが…。

ド ドイツでも、最近ではそれほどよい印象が政治家にあるわけではないんです。けれども、連邦共和国の初代首相だったコンラート・アデナウアー、あるいはリヒャルト・フォン・ヴァイツゼッカー大統領は尊敬されていますね。あとは、いつもタバコをくゆらせていた元首相ヘルムート・シュミットも、もちろん人気でしょうか。さらに歴史をさかのぼるならば、否応なくオットー・フォン・ビスマルクには触れざるをえないでしょう。彼は日本でもかなり人気ですよね？

日 はい、そうです。たとえば日本でも、「ビスマルク・ピザ」があるくらいですからね。

ド え、本当に？ それは聞いたことがなかったですね。それまた、すごい！

20　ドイツからのおみやげには何がいいですか？
Was sind schöne Mitbringsel aus Deutschland?

Zu den bekanntesten Mitbringseln aus Deutschland gehören vermutlich Gummibärchen und Schokolade. Doch in Zeiten der Globalisierung kann man diese auch in vielen Importshops in Japan kaufen, so dass ein Kauf eher unsinnig erscheint. Wer jedoch trotzdem gerne etwas Süßes mitbringen möchte, kann sich in Deutschland natürlich an einer größeren Vielfalt erfreuen – ein kurzer Gang in den nächstgelegenen Supermarkt genügt.

Wer jedoch eher etwas Ausgefalleneres sucht und auch kein Problem damit hat, etwas tiefer in die Tasche zu greifen, dem sei zum Beispiel Porzellan aus Meißen oder eine echte Kuckucksuhr aus dem Schwarzwald zu empfehlen. Im Erzgebirge gibt es noch traditionelle Betriebe, die Räuchermännchen, Nussknacker und Weihnachtspyramiden herstellen. Wenn man das Glück hat, Deutschland zur Zeit der Weihnachtsmärkte zu bereisen, findet man die oben genannten Gegenstände sicherlich auch an einem der zahlreichen Stände auf dem Weihnachtsmarkt. Besonders der Christkindlesmarkt in Nürnberg bietet eine große Auswahl.

Für die bis zu 5.000 Biersorten aus Deutschland gibt es teilweise originale Bierkrüge und –gläser. Zum Beispiel wird das „Kölsch" traditionell aus der „Kölner Stange", einem zylindrischen, schlanken Bierglas getrunken. Auch eine Flasche mit Bier aus der Region kommt sicherlich gut an.

In vielen Cafés und Restaurants kann man übrigens in der Nähe der Toiletten aus einem Ständer kostenlos Kunst- und Werbepostkarten mitnehmen. Außerdem ist ein Bilderbuch mit deutschen Märchen etwas sehr Originelles, das auch ohne Sprachkenntnisse verstanden wird. Da die meisten Deutschen beim Einkaufen eigene Stofftaschen verwenden, gibt es auch hier ein großes Angebot. Sie sind originell, günstig und leicht im Koffer zu transportieren.

ドイツで買って帰るおみやげで最も有名なのは、おそらくクマのグミやチョコレートでしょう。しかし、グローバル化の進んだ現在では、日本の輸入品店でも買うことができるので、なんだかバカらしい感じもします。しかしそれでも何かのお菓子を持って帰ろうと思うのであれば、ドイツでは多種多様な品々を買うことができます。それは近くのスーパーにちょっと立ち寄るだけでも十分なくらいです。

　しかし、一風変わったものを探していて、出費がかさんでもよいのであれば、たとえばマイセンの陶磁器あるいはシュヴァルツヴァルト地方の本物のカッコウ時計がおすすめかもしれません。エルツ山地では今なお、パイプ人形、くるみ割り人形、クリスマス・ピラミッドを製造する伝統ある企業が残っています。クリスマスマーケットの時期にドイツを旅する幸運に恵まれた人は、これらの工芸品をクリスマスマーケットの出店で発見するでしょう。とくにニュルンベルクのクリスマスマーケットには、よりどりみどりの品がそろっています。

　ドイツには5000種類におよぶビールの品種があるので、ビールメーカー・オリジナルのビアジョッキやグラスもあります。たとえば、「ケルシュ」は、伝統的に「ケルナー・シュタンゲ」と呼ばれる円柱形で細めのビールグラスで飲まれます。地ビールもきっと好まれます。

　多くのカフェやレストランでは、たいていトイレそばの棚から無料で絵画や広告が描かれたポストカードを持ち帰ることができます。それ以外には、語学の知識がなくてもドイツの童話絵本は特別な感じがするものでしょう。たいていのドイツ人は買い物の際に自分のエコバッグを使うので、その品揃えが充実しています。ユニークで安いし、トランクに入れて持ち運ぶのにも便利です。

ausgefallen	珍しい
tief in die Tasche greifen	大金を払う
Kuckucksuhr	カッコウ時計

Was sind beliebte Souvenirs aus Japan?

J Was sind beliebte Souvenirs aus Japan?

D Wer zum ersten Mal nach Japan kommt, ist natürlich erst mal auf das angewiesen, was im Reiseführer angepriesen wird. Die meisten Deutschen werden also wie alle anderen ausländischen Besucher auch, nach Asakusa und in die Elektroläden von Akihabara strömen. Vor allem hochqualitative Fotoapparate und Kameras sind in Japan vergleichsweise günstig zu erwerben, weshalb viele Touristen zugreifen, wenn der Wechselkurs des Yens gut ist. Außerdem muss man als Tourist keine Mehrwertsteuer beim Kauf zahlen. Und natürlich suchen viele Anime- und Mangafans nach Figuren und Fanartikeln.

J Und in Asakusa?

D Zu den Standardmitbringseln gehören typisch japanische Souvenirs wie Fächer und Stäbchen. Da man diese aber auch in den Asiashops in deutschen Großstädten kaufen kann, halten viele Deutsche eher Ausschau nach etwas Ungewöhnlicherem, also zum Beispiel nach einem Daruma oder einer Winkekatze.

J Und Produkte mit Matcha sind doch auch total angesagt, oder? Jedenfalls sieht man oft Touristen, die so was kaufen.

D Genau! Eigentlich finden die Deutschen - abgesehen von Gemüse - grüne Lebensmittel eher abschreckend. Da muss man doch immer an Schimmel denken! Aber Matcha ist so exotisch, dass er schon wieder gut ankommt. Zum Beispiel ist Kitkat mit Matcha-Geschmack überall der Renner.

J Mit Süßigkeiten kann man eigentlich nie was falsch machen.

D Naja, bei Anko sollte man aufpassen. An diesem „süßen Bohnenmus" scheiden sich die Geister. Es gibt zwar auch Deutsche, die es supergern essen, aber für die meisten ist die Vorstellung, süße Bohnen zu essen, einfach sehr absonderlich.

日本のおみやげで人気なものは？

日 日本のおみやげで人気なものは？

ド 初めて日本に来る人は、もちろんガイドブックがすすめるものを買うでしょうね。ほとんどのドイツ人はほかの外国人観光客同様、浅草や秋葉原の電気街に押しかけます。高品質のカメラやビデオは日本で買ったほうが安いんです。なので円安だと外国人は買い込みます。消費税を払う必要もないですし。もちろん、多くのアニメ・マンガファンは、自分の好きな作品のフィギュアやファングッズを探し求めます。

日 じゃあ、浅草では？

ド 扇子や箸などの典型的な日本のおみやげが定番でしょうね。でもそういうのはドイツの大都市にあるアジアショップでも買えるので、多くのドイツ人はむしろ変わったもの、たとえば、だるまや招き猫を探し求めます。

日 抹茶商品も人気ですよね？　観光客が買って行くのをよく見ます。

ド その通り！　ただ、実はドイツ人は野菜を除いて緑の食品は嫌いですけどね。カビが生えているみたいだからですよ！　でも、抹茶はエキゾチックなので受け入れられるんです。たとえば、抹茶味のキットカットはヒット商品ですよ。

日 甘いものを買っていけば、間違いないでしょう。

ド あんこは気をつけたほうがいいです。「甘い豆ペースト」は意見の分かれるところです。大好きな人もいますが、多くのドイツ人にとって甘い豆を食べるのはとにかく極めて奇妙なことなんです。

21 どのような世界遺産がありますか？
Welche Welterbestätten gibt es in Deutschland?

Zum Welterbe zählen in Deutschland momentan über 60 Kultur- und Naturgüter, das sind ungefähr dreimal so viele wie in Japan. Die erste Registrierung erfolgte mit dem Aachener Dom bereits 1978.

Ein Großteil der Welterbestätten sind Klöster, Kirchen, Naturschutzgebiete und Parkanlagen. Aber es gibt auch ungewöhnlichere Orte, wie zum Beispiel das Wattenmeer an der Nordsee oder die Speicherstadt von Hamburg. Auch das „Dresdner Elbtal" gehörte früher einmal dazu. Doch schon nach fünf Jahren wurde diese Registrierung von der UNESCO wieder rückgängig gemacht. Der Grund dafür war der Bau der „Waldschlößchenbrücke", welche direkt über die Elbe führt und zur Verkehrsentlastung dient. Für dieses Projekt wurden trotz Protest der Einwohner von Dresden viele Jahrhunderte alte Bäume gefällt. Die Stadt gab dem Brückenbauprojekt den Vorrang und nahm damit die Aberkennung als Welterbe in Kauf. Es war das erste Mal, dass ein Welterbe in Europa wieder aberkannt wurde.

Auch der Kölner Dom stand kurzzeitig auf dieser sogenannten „Roten Liste". Doch die Stadt entschied sich zu einem Kompromiss. Durch die Höhenbegrenzung für Gebäude im Umkreis auf maximal 60 Meter konnte eine Streichung abgewendet werden.

Zu Deutschlands Beitrag zum Weltdokumentenerbe gehören unter anderem der literarische Nachlass Johann Wolfgang von Goethes, die auch in Japan sehr bekannte Symphonie Nr. 9 von Ludwig van Beethoven und der Stummfilm „Metropolis" von Fritz Lang aus den 20er Jahren. Auch historisch bedeutsame Dokumente wie der sogenannte „Zwei-plus-Vier-Vertrag" (zwischen den vier Siegermächten und Ost- und Westdeutschland) oder Schriften von Karl Marx (nämlich „Das Kapital" und das zusammen mit Friedrich Engels verfasste „Manifest der Kommunistischen Partei") sind ein Teil des Welterbes.

ドイツの世界遺産には、現在60以上の文化・自然遺産があり、これはおよそ日本の3倍にのぼります。すでに1978年にはアーヘンの聖堂が最初の世界遺産認定を受けています。

　世界遺産の大部分は、修道院、教会、自然保護区域そして公園です。しかし、一風変わった場所もあります。たとえば、北海のワッデン海やハンブルクのシュパイヒャーシュタット（倉庫街）などです。「ドレスデン・エルベ渓谷」も、かつて一度は世界遺産となりました。しかしその5年後に、ユネスコの登録は取り消されました。その理由は、「ヴァルトシュレスヒェン橋」の建設でした。この橋は、エルベ川の上に架けられた渋滞解消のための橋です。ドレスデン市民の抗議にもかかわらず、この計画のために樹齢何百年もの木々が切り倒されました。市は橋建造計画を優先したので、世界遺産の登録を抹消されました。これは、ヨーロッパで世界遺産登録抹消の最初の事例となりました。

　ケルン大聖堂も、一時的にいわゆる「レッドリスト」に載っていました。しかしケルン市は、妥協することを決めたのです。周囲の建物を最大60メートルとする高さ制限を設けることによって、世界遺産登録からの抹消を回避できました。

　ユネスコ記憶遺産に対するドイツの貢献には、たとえば、ヨハン・ヴォルフガング・フォン・ゲーテの遺稿、日本でもよく知られるルートヴィヒ・ヴァン・ベートーヴェンの第九、そして1920年代に制作されたフリッツ・ラングのサイレント映画「メトロポリス」があります。いわゆる「（戦勝4カ国と東西ドイツの間で結ばれた）2プラス4条約」あるいは、カール・マルクスの諸作品（すなわち、『資本論』とフリードリヒ・エンゲルスと一緒に作成した『共産党宣言』）といった歴史的な重要文書もまた、世界遺産です。

den Vorrang geben	優先させる
in Kauf nehmen	（甘んじて）受け入れる
abwenden	回避する
Das Kapital	資本論
Das Manifest der Kommunistischen Partei	共産党宣言

Was gibt es in nächster Zeit für Anträge aus Deutschland?

J Bringt denn die Anerkennung durch die UNESCO irgendetwas?

D Gute Frage. Also in den meisten Fällen gibt es jedenfalls keine finanzielle Unterstützung. Allerdings werden Spenden gesammelt, um den Erhalt von Welterbestätten in ärmeren Ländern zu sichern. Von denen gibt es sowieso schon viel weniger Anträge auf Aufnahme als aus Europa und Nordamerika.

J Woran liegt denn das? Es gibt doch gerade in Afrika bestimmt viele faszinierende Naturgüter.

D Ja, aber die Anträge sind wirklich kompliziert, das können schon mal an die 1.500 Seiten sein. Deswegen verzichten viele einfach ganz auf den Antrag. Es geht ja auch ohne. Zum Beispiel ist Deutschlands wohl berühmtestes Schloss Neuschwanstein ja auch kein Welterbe – und hat trotzdem jedes Jahr ungefähr 1,3 Millionen Besucher.

J Aber wenn man es einmal geschafft hat, ist das doch eine große Ehre und zieht viele Touristen an.

D Schon. Aber es kann ja auch sein, dass man abgelehnt wird und dann war die ganze Arbeit umsonst. Der Stadt Heidelberg ist das gleich zwei Mal passiert. Sie haben es 2005 und 2007 versucht und sind beide Male gescheitert. Und das „Reinheitsgebot" ist ebenfalls gleich in der ersten Runde ausgeschieden. Das Bierbrauen ist inzwischen einfach zu industriell geworden.

J Was gibt es in nächster Zeit für Anträge aus Deutschland?

D Es gibt jedes Jahr viele interessante Anträge, aber die Kommission achtet auf Ausgewogenheit. Ich für meinen Teil bin sehr gespannt, was aus dem Antrag der Altstadt von Nördlingen wird. Man sagt, dass sie als Vorbild für den Anime „Attack on Titan" dient, weshalb sie ja auch in Japan recht bekannt ist.

次の世界遺産の候補はどこですか？

日 ユネスコによる承認で何か変わるんでしょうか？

ド いい質問ですね。たいていは財政的な支援はありません。しかし、財政的に豊かではない国々の世界遺産を守るためには、寄付を集めたりします。世界遺産に関しては、そもそも貧困な国からの登録申請は、ヨーロッパや北米からに比べて、少ないのですが。

日 なんででしょう？ アフリカには魅力的な自然遺産がいっぱいあるでしょうに。

ド 確かに、でも申請が本当にややこしいんです。1500ページにも及ぶんですよ。だから申請を諦めるケースもあるんです。登録されなくてもやっていける場合もありますしね。たとえば、ドイツの有名なノイシュヴァンシュタイン城は世界遺産ではありませんが、毎年130万人が訪れていますよ。

日 でも、やはり登録されれば、たいへんな名誉だし観光客は増えますよね。

ド もちろん。でも、申請が拒否されたらすべては水の泡ということにもなりますよ。ハイデルベルクではそれが2度起きました。2005年と2007年に申請したのですが、どちらも失敗だったんです。「ビール純粋令」も一次審査で除外されました。ビール醸造はあまりにも工業化されてしまったのです。

日 これから、どんな場所が世界遺産の候補になっていますか？

ド 毎年、興味をそそられるような申請があるんですが、委員会はバランスを重視しています。私個人としては、ネルトリンゲンの申請がどうなるか楽しみですね。アニメ『進撃の巨人』のモデルとされる町として日本でも有名ですし。

22 ドイツで四季を感じさせるものはありますか？
Was ist typisch für die Jahreszeiten in Deutschland?

In Deutschland lebt man nicht so sehr mit den Jahreszeiten wie in Japan. Zwar wechseln die Gemüsesorten im Supermarkt, doch es gibt vergleichsweise weniger Traditionen und Feste, die untrennbar mit den Jahreszeiten verknüpft sind.

Eine besondere Rolle nimmt die Weihnachtszeit ein. Da der deutsche Winter eher kalt und nass ist, sind die bunten Lichter und schönen Gerüche der Weihnachtsmärkte eine willkommene Abwechslung. Die Weihnachtsmärkte verschwinden jedoch bis auf einige touristische Ausnahmen gleich nach dem 24. Dezember wieder und es beginnt eine lange dunkle Zeit.

Der Frühling kündigt sich als erstes durch einige Frühblüher im März an, zu denen zum Beispiel Krokus und Osterglocke zählen. Ende April bis Anfang Mai beginnt dann die Spargelzeit, der viele Deutsche sehnsüchtig entgegenfiebern. Dieser weiße Spargel wird übrigens deswegen weiß, weil er ohne Licht unter der Erde wächst und gestochen wird, sobald sein „Kopf" durch die Erde bricht.

Der deutsche Sommer ist nicht so heiß und feucht wie in Japan, deswegen kann man viel Zeit draußen verbringen. Im Sommerurlaub geht man wandern oder fährt ans Meer und bräunt sich dort. Da der Bundestag Pause macht und auch im Fernsehen meist nur Wiederholungen laufen, spricht man oft vom sogenannten „Sommerloch".

Im Herbst lassen die Kinder Drachen steigen und basteln kleine Figuren aus Kastanien und Streichhölzchen. Außerdem sammelt man schön gefärbte Blätter, die von den Bäumen gefallen sind und presst und trocknet sie. Für die Erwachsenen gibt es ab Anfang September den „Neuen Wein", der je nach Region auch Federweißer (aus weißem Traubenmost) und Federroter (aus rotem Traubenmost) genannt wird.

ドイツでは、日本ほど四季を意識して生活していません。確かにスーパーマーケットでは季節ごとの野菜も置かれています。しかし、四季と密接に結びついた伝統的行事やお祭りは、比較的少ないといえます。

　クリスマス期間は特別な役割を占めています。ドイツの冬はどちらかといえば寒くてじめじめしているので、クリスマス市の色とりどりの光やそのかぐわしさはちょうどいい気分転換になるのです。しかし、いくつかの観光的な例外を除けば、クリスマス市は12月24日の後はすぐにまた姿を消し、長く暗い期間が始まります。

　春の訪れは、3月に開花する花が教えてくれます。たとえば、クロッカスやスイセンなどです。4月末から5月初旬にかけては、アスパラガスの季節で、多くのドイツ人がアスパラガスを食べるのを心待ちにしています。ところで、この白アスパラガスがなぜ白いかというと、地中で光を当てずに育ち、「頭」が土から顔を出すやいなや土を掘って収穫されるからです。

　ドイツの夏は、日本のようにそれほど暑くも湿気も多くはありません。だから、外で多くの時間を過ごします。夏季休暇では、ハイキングに出かけたり、海まで出かけそこで日光浴をしたりします。連邦議会も休暇に入り、テレビでもたいていは再放送が延々と流されるので、この期間のことをしばしば「夏の穴（夏枯れ）」と呼びます。

　秋には子どもたちが凧を上げたり、栃の実とマッチ棒で小さな人形を作ったりします。それ以外にも、美しく色づいた落ち葉を集めて、押し葉にして乾燥させます。9月になると、大人たちにとって「新ワイン」の時期到来です。それらは各地で、フェーダーヴァイサー（白ワインのぶどうが発酵途中のもの）やフェーダーローター（赤ワインのぶどうが発酵途中のもの）と呼ばれています。

Frühblüher	早咲きの花
Osterglocke	スイセン
Sommerloch	夏枯れ
Kastanie	栃の実
Streichhölzchen	マッチ棒

Welches ist denn die Lieblingsjahreszeit der Deutschen?

J Welches ist denn die Lieblingsjahreszeit der Deutschen?

D Das ist von Mensch zu Mensch unterschiedlich, aber vermutlich ist es der Sommer. Man kann die langen Abende genießen und fährt meistens irgendwo hin in den Sommerurlaub. Zwar bringt einen der heiße Sommer manchmal auch ins Schwitzen, aber generell tanken die Deutschen gern viel Sonne. Deswegen ist ihnen auch der Winter eher verhasst.

J Aber die schöne Weihnachtszeit!

D Auf die freuen sich natürlich die meisten. Aber spätestens ab Januar ist der Winter eher trist, weil es jeden Tag früh dunkel wird.

J Aber die Deutschen sind doch ganz verrückt nach Schnee.

D Wenn er leise und besinnlich vom Himmel fällt, ist er auch sehr romantisch. Aber aus dem schönen Schnee wird bald eine matschige graue Pampe und man rutscht ständig auf den glatten Straßen aus. Spätestens dann vergeht einem die Lust auf den Winter. Genauso wie der Herbst – er ist den meisten Deutschen zu grau und trostlos. Es regnet einfach viel zu oft.

J Die Deutschen meckern aber ganz schön viel.

D Ja, das tun wir gerne. Aber am Frühling hat eigentlich keiner etwas auszusetzen. Alles erblüht und man ist voller Lebenslust. Die meisten Deutschen nutzen diese Jahreszeit für einen großen „Frühjahrsputz".

J Wir Japaner machen diesen Großputz um den Jahreswechsel.

D Aber da ist es doch noch viel zu kalt!

J Jetzt meckerst du ja schon wieder!

D Haha, stimmt.

ドイツ人の好きな季節はいつですか？

日 ドイツ人の好きな季節はいつですか？

ド 人によって違いますが、おそらく夏でしょうね。長い夕べを楽しんだり、夏のバカンスに出かけたりできますから。暑い夏は汗もかきますが、一般的にドイツ人は日光浴が好きです。なので冬は嫌いな人が多いでしょうか。

日 クリスマスのころだって、きれいじゃないですか。

ド クリスマスはいいんですが、日々日照時間は短くなるし、とくに1月を過ぎると冬はむしろわびしいですよ。

日 でも、雪は大好きですよね？

ド しんしんと降り積もる雪は、とてもロマンチックでもあります。けれども、新雪はすぐにどろどろになったり、つるつるの路面で転んだりもしますよね。そうなると冬を楽しむ気持ちも一気に冷めるというものです。秋も同じで、ドイツ人にとってはとても灰色で絶望的な感じです。雨ばかりですし。

日 ドイツ人は文句が多いですね〜。

ド 確かにそう言えるかもしれません。でも、春にケチをつける人はいませんよ。花が咲いて、生きる喜びに満ちています。ドイツ人は、この時期に「春掃除」をするのですよ。

日 日本なら、年末の大掃除みたいなものですかね。

ド あんな寒い時期に掃除するだなんて！

日 ほらまた文句言った！

ド はは、本当だ。

23 ドイツには民族衣装はありますか？
Gibt es Trachten in Deutschland?

„Dirndl" und „Lederhose" sind natürlich auf der ganzen Welt bekannt. Aber diese Trachten sind fast nur in Bayern und Österreich verbreitet. Außerdem ist die heute bekannte Schnittform erst während der Zeit des Nationalsozialismus entstanden: ein freizügiges Dekolleté, kurz-ärmelig, mit Schürze und vorn eng geschnürt.

Vor dieser Zeit konnte man anhand eines Dirndls die Herkunftsregion der Trägerin erkennen, doch heutzutage ist es meist nur noch ein modisches Kleidungsstück. Seit einigen Jahren liegen Dirndl wieder sehr im Trend und werden nicht nur beim Oktoberfest, sondern auch bei Hochzeiten und anderen Volksfesten gern getragen. Die figurbetonte Kleidung hat sich durch ihren modischen Stil bis heute gehalten.

Eine weitere, wirklich traditionelle Tracht ist die der Sorben in Brandenburg und Sachsen. Zu dieser national anerkannten ethnischen Minderheit gehören ca. 50.000-60.000 Menschen, von denen jedoch nur die älteren noch die Volkstracht im alltäglichen Leben tragen.

In der Schwarzwaldregion gibt es den sogenannten „Bollenhut" - ein Strohhut mit aufgenähten roten Bommeln. Eine Frau mit dieser traditionellen Kopfbedeckung ist auf einer berühmten Schinkenverpackung abgebildet und daher recht bekannt. Es gibt auch noch andere Beispiele für eindrucksvolle Accessoires: Zum Beispiel ist in Baden-Württemberg die sogenannte „Hörnerkappe" (welche an eine große Schleife erinnert) ein wichtiger Bestandteil der Markgräfler Tracht und der „Tugendpfeil" wurde von jungen, unverheirateten Frauen in der Region um Koblenz als Haarschmuck verwendet. Die meisten heute noch erhaltenen Trachten sind oft sehr aufwendig gefertigt und daher teuer. Außerdem sehen sie aus heutiger Sicht eher unmodern aus, so dass sie im Alltag nicht getragen werden.

「ディアンドル」や「レーダーホーゼ」は、もちろん世界中で知られています。しかし、これらの民族衣装を着るのは、ほぼバイエルンとオーストリアだけです。さらに今日よく知られている型は、ナチス時代になって生みだされました。つまり、胸元の襟あき、短いそで、前かけ、そして締まったコルセットというスタイルが確立したということです。

　この時代より前は、ディアンドルによって、それを身につける女性がどの地域出身かを判別できましたが、今やそれはほとんどの場合は、流行ファッションのひとつにすぎません。ここ数年間で、ディアンドルはとても流行っていますし、オクトーバーフェストのときだけではなく、結婚式やほかのお祭りのときにも好んで着る人が増えています。ボディーラインを美しく見せるこの服装は、現代ファッションとしてもスタイリッシュなので、現在まで残っているのです。

　そのほかに、まさに伝統的な衣装として、ブランデンブルク州やザクセン州に住むソルブの人々の衣装があります。国家的に承認されているこの少数民族は、約５万から６万の人々がいます。その中でも、この民族衣装を身につけているのは高齢者だけです。

　シュヴァルツヴァルト地方では、「ボレン帽」と呼ばれる帽子があり、これは赤い毛玉を上につけた麦わら帽子です。この伝統的な帽子を着けた女性は、とある有名なハム製品のパッケージに描かれているので、かなり有名です。さらに印象的な装飾としてほかの例もあります。たとえば、バーデン・ヴュルテンベルク州では、（大きなリボンを思い起こさせるような）いわゆる「角帽子」と呼ばれる帽子がマルクグレーフラー地方の重要な衣装のひとつです。そして、「純潔の矢」は、コブレンツ周辺地域で若い未婚の女性が髪止めとして用いられています。今日もなお保存されている民族衣装のほとんどは、とてもぜいたくな作りですし、それゆえに高価です。そして、今日ではどちらかといえば古くさく見えますので、日常的に身につけることはありません。

Dirndl	ディアンドル （バイエルン・オーストリアの女性用民族衣装）
Lederhose	レーダーホーゼ（革ズボン）
ethnische Minderheit	少数民族
Volkstracht	民族衣装
Markgräfler	マルクグレーフラー地方 （ドイツの南西端に位置する）

Wie denken die Deutschen eigentlich über Kimono?

J Stimmt es eigentlich wirklich, dass man erkennen kann, ob eine Frau verheiratet ist, je nachdem, auf welcher Seite sie die Schleife ihres Dirndls trägt?

D Das habe ich auch schon oft gehört. Ich weiß nicht genau, wann das aufgekommen ist, Tradition ist es jedenfalls nicht. Denn früher trugen verheiratete Frauen und unverheiratete Frauen eh andere Kleider.

J Also kann man es gar nicht an der Schleife erkennen?

D Doch, inzwischen macht es ja fast jede Frau so und man kann es überall im Internet nachlesen. Also wenn sie die Schleife links trägt, ist sie ledig und wenn sie sie rechts trägt, ist sie vergeben.

J Von mir aus betrachtet?

D Nein, von der Trägerin aus gesehen. Also immer schön aufpassen beim Flirten auf dem Oktoberfest!

J Und in der Mitte gebunden bedeutet dann, dass sie sich noch nicht entschieden hat?

D Nee, vorn in der Mitte bedeutet wohl, dass eine Frau noch Jungfrau ist. Das sieht man meistens nur bei Kindern. Und hinten in der Mitte bedeutet verwitwet. Aber auch Kellnerinnen tragen die Schleife einfach aus praktischen Gründen gern hinten.

J Alles klar! Ich werde beim nächsten Oktoberfest mal drauf achten. Übrigens – was ich schon immer mal fragen wollte: Wie denken die Deutschen eigentlich über Kimono?

D Generell wirkt er glaube ich sehr exotisch und damit anziehend auf die Deutschen. Aber leider sind die meisten Deutschen zu groß, so dass die Beine unten komisch rausgucken. Außerdem wird die Brust ja bewusst flach gehalten, wenn man so einen Kimono trägt. Das steht im krassen Gegensatz zum Dirndl. Ich glaube, den meisten Deutschen liegt ein Yukata eher. Die sind einfacher anzuziehen und man schwitzt nicht so.

ドイツ人は着物についてどう思ってるの？

日 女性が結婚しているかどうか、ディアンドルのリボンの結び目の位置でわかるっていうのは本当ですか？

ド それはよく聞くんですけど、いつからそうなのか不明ですし、いずれにせよそんなに古い風習ではありません。というのも、昔は既婚と未婚女性は違う服を着ていましたから。

日 じゃあ、リボンではわからないということですか？

ド 今では女性は皆そうしてますし、ネットにもそう書いてありますよね。リボンが左だと未婚、右だと既婚です。

日 こっちから見てですか？

ド 違います、着ている女性本人から見て、です。オクトーバーフェストで声をかけるときは、本当に気をつけてくださいね！

日 それで、リボンが真ん中にあるのは「まだ決めていない」ってことですか？

ド いえ、前の真ん中で結ぶのは処女であることを表します。子どもの場合はそうなっていますね。後ろの真ん中で結ぶのは未亡人であることを表します。でも、ウェイトレスは実用的な理由から、後ろで結ぶことが多いです。

日 そうなんだ！　次のオクトーバーフェストで気をつけてみます。ところで、一度聞いてみたかったんだけど、ドイツ人は日本の着物についてどう思ってるの？

ド 一般的に、エキゾチックでドイツ人には魅力的に映っていると思います。でも、たいていのドイツ人は体が大きくて、ふくらはぎが見えてなんだか変な感じになってしまいますね。それに、着物だと胸を平らに押しつけないとダメでしょう。ディアンドルと大きく異なる点です。ドイツ人には浴衣のほうが合っていると思います。着るのが簡単ですし、着ていて汗をかくことも少ないですから。

24 ドイツではどんな場所を訪れるべきでしょうか？
Welche Orte sollte man in Deutschland besucht haben?

Für die meisten Japaner ist das Schloss Neuschwanstein im Bundesland Bayern der Ort, den sie bei einem Deutschlandbesuch im Sinn haben. Fast zwei Drittel aller Besucher des Märchenschlosses kommen aus dem Ausland, während viele Deutsche den zum Großteil 1886 fertig gestellten Bau noch nie mit eigenen Augen gesehen haben. Auch Rothenburg ob der Tauber ist ein beliebtes Ausflugsziel. Mit seinem „urdeutschen" Stadtbild ist es das perfekte Fotomotiv, genau wie die „Romantische Straße" oder die „Märchenstraße" (von deren Existenz übrigens auch nur wenige Deutsche wissen).

Auch große Städte wie München, Köln oder Berlin bieten Sehenswürdigkeiten, die man aus Dokumentationen und Reiseprospekten kennt. Außerdem gibt es hier große saisonale Ereignisse wie das Oktoberfest, den Karneval oder die Berlinale. Doch auch Urlaub außerhalb der Touristenhochburgen ist sehr empfehlenswert. Zwar hat man eventuell Schwierigkeiten bei der Verständigung, doch man kann viel günstiger speisen und übernachten. Mit dem „German Rail Pass" kann man zu einem Festpreis mit der Bahn das gesamte Streckennetz der Deutschen Bahn abfahren. Und wem das Fahrrad als Fortbewegungsmittel lieber ist, dem kann man eine Radtour auf dem Elberadweg ans Herz legen. Sie erstreckt sich über sieben Bundesländer.

Norddeutschland hat wunderschöne Naturlandschaften zu bieten: Wenn man es gern etwas exklusiver mag, ist die Nordseeinsel Sylt ein Muss. Und an der Ostsee ist es die Halbinsel Fischland-Darß-Zingst, an der man die schönsten Sonnenuntergänge am Strand erleben kann – hier gibt es übrigens auch noch einige FKK-Strände. Zwar gibt es in Deutschland schon seit 1918 keinen Kaiser mehr, doch in den sogenannten „Kaiserbädern" auf der Insel Usedom kann man sich so entspannen, wie er es früher tat.

多くの日本人にとって、バイエルン州にあるノイシュヴァンシュタイン城はドイツを旅するとまっさきに頭に思い浮かぶ場所です。このおとぎの城の訪問者の3分の2は外国からやってきます。他方で、多くのドイツ人はこの1886年にほぼ完成した建築をいまだに肉眼で見たことはないのです。ローテンブルクも旅先として好まれています。その「きわめてドイツ的」だとされる都市景観は、「ロマンチック街道」あるいは「メルヘン街道」と同様に、申し分のない撮影スポットです（ただし、これら街道の存在はごくわずかなドイツ人しか知りませんが）。

　ミュンヘン、ケルンあるいはベルリンといった大都市にもまた、さまざまな資料や旅行案内書で見知っている観光地があります。それ以外にも、オクトーバーフェスト、カーニバルまたはベルリン国際映画祭といった季節ごとの大イベントも開催されています。でも、人気スポット以外での滞在もとてもおすすめです。確かに場所によっては会話が通じにくいとは思いますが、とても安価で食事できたり、宿泊できたりします。「ジャーマンレイルパス」があれば、ドイツ鉄道の全鉄道網を定額で旅することができます。移動手段として自転車を好む人には、エルベ川沿いのサイクリングコースをおすすめします。このコースは、7つの州にまたがって走っています。

　北ドイツには、おすすめできるすばらしい自然の風景もあります。ちょっとリッチな気分を味わいたければ、ズィルト島は外せないでしょう。バルト海にはフィッシュランド・ダルス・ツィングスト半島があり、そこでは海岸で最高に美しい夕日を見ることができます。ところで、ここにはFKKの砂浜（ヌーディストビーチ）もいくつかあります。ドイツには1918年以降、皇帝はいませんが、ウーゼドム島にはいわゆる「皇帝浴場」があり、そこではかつて皇帝がそうしたようにリラックスすることができます。

Touristenhochburg	人気スポット
Elberadweg	エルベ川のサイクリングロード
ans Herz legen	好む、気にかける
FKK-Strand	ヌーディストビーチ
einen Besuch abstatten	訪問する

> **Nenn mir doch mal einen Ort, den die meisten Deutschen kennen, aber wo sich kaum ein Japaner hin verirrt.**

J Nenn mir doch mal einen Ort, den die meisten Deutschen kennen, aber wo sich kaum ein Japaner hin verirrt.

D Hmm... zum Beispiel das Kyffhäuserdenkmal. Kyffhäuser ist der Name eines Gebirges in Thüringen und Sachsen-Anhalt. 1888 wurde hier nach dem Tod von Kaiser Wilhelm I. ein Denkmal zu seinen Ehren errichtet.

J Das heißt, er liegt dort begraben?

D Nein, es ist nur eines von vielen Denkmälern für den ersten deutschen Kaiser. Es ist das bekannteste von den über 1.000 Denkmälern, die für ihn errichtet wurden.

J Über 1.000!? Das ist ja Wahnsinn! Und was macht jetzt gerade das Kyffhäuserdenkmal so einzigartig?

D Vermutlich die Verbindung zur Kyffhäusersage. Laut dieser mittelalterlichen Sage schläft irgendwo in den Tiefen des Kyffhäusergebirges Kaiser Friedrich I. und wartet darauf, wieder zu erwachen, um Deutschland zu einen. Dieser auch als „Barbarossa" bekannte Kaiser hat vor über 800 Jahren gelebt und wurde sehr verehrt. Im Kyffhäuserdenkmal sind der schlafende Barbarossa und Wilhelm I. gemeinsam verewigt.

J Okay, das war jetzt ganz schön viel Geschichte auf einmal.

D Sorry, ich wollte dich nicht überfordern. Übrigens ist das Kyffhäuserdenkmal ein Teil der „Straße der Monumente". Wenn du also mehr über die Geschichte Deutschlands wissen willst, kann ich dir das nur empfehlen.

J Solche Themenreisen hören sich spannend an. Welche Monumente gehören denn noch dazu?

D Unter anderem das Völkerschlachtdenkmal, das Hermannsdenkmal und auch die Wartburg. Alle erzählen einen spannenden Teil der deutschen Geschichte!

日本人がめったに行かないようなところを教えて。

日 ドイツ人なら知っているけど、日本人はめったに行かないようなところを教えて。

ド キフホイザー記念碑なんかどうですか？ キフホイザーはテューリンゲンとザクセン・アンハルト州にまたがる山地の名前です。1888年に皇帝ヴィルヘルム1世の死後、彼に敬意を表して記念碑が建てられました。

日 そこに葬られているのですか？

ド 違うんです。ドイツの初代皇帝の数ある記念碑のひとつにすぎません。1000以上ある彼の記念碑の中で最も有名なものです。

日 1000以上も！ すごいですね。キフホイザー記念碑の何がそうユニークなのですか？

ド キフホイザー伝説との関連でしょう。中世の伝説によると、キフホイザー山地の奥深いどこかに皇帝フリードリヒ1世が眠っていて、ドイツを統一するために目覚めるのを待っています。この「バルバロッサ」としても有名な皇帝は800年以上前に生きた人ですが、とても尊敬されていました。キフホイザー記念碑には眠れるバルバロッサとヴィルヘルム1世の名声がともに永遠に伝えられているのです。

日 わかったわかった、急に歴史の話になりましたね。

ド ごめん、話しすぎた。ところで、キフホイザー記念碑は「記念碑街道」の一部なんです。ドイツの歴史についてもっと知りたければおすすめですよ。

日 そういうテーマのある旅も面白そうですね。どんな記念碑がほかにありますか？

ド とりわけ諸国民戦争記念碑、ヘルマン記念碑、そしてヴァルトブルク城です。ドイツ史の興味深いエピソードを物語ってくれる場です。

25 地震のような自然災害はありますか？
Gibt es eigentlich Naturkatastrophen wie z.B. Erdbeben in Deutschland?

Oft wird gesagt, dass es in Deutschland keine Erdbeben gibt und die meisten Deutschen haben vermutlich auch noch nie eines erlebt. Doch tatsächlich gibt es ab und zu kleine Beben. Viele dieser Erdbeben sind bergbaubedingte Beben und richten daher nur im regionalen Umfang kleine Sachschäden an. Ihre Stärke überschreitet selten Magnitude 4. Davon betroffen sind vor allem die Städte Aachen, Gera und Tübingen.

Viel verheerendere Folgen entstehen in Deutschland durch Überflutungen. Eine der größten Hochwasserkatastrophen der Nachkriegszeit war die Sturmflut 1962 in Hamburg. Durch ein unglückliches Zusammenspiel von Ebbe und Flut, hohen Wasserständen und einem heraufziehenden Sturm kamen in dieser Nacht über 300 Menschen ums Leben.

Inzwischen sind die Frühwarnsysteme jedoch sehr viel besser geworden. So waren beim sogenannten Jahrhundert-Hochwasser im Juni 2013 nur 14 Tote zu beklagen. Damals waren überall in Deutschlands durch tagelange Regenfälle viele Flüsse über ihre Ufer getreten und Deiche gebrochen.

Außerdem treten in letzter Zeit immer häufiger Tornados in den Monaten zwischen Mai und August auf, bisher jedoch immer nur mit wenigen Verletzten und selten mit Todesfolge. Ein Tornado wird bisweilen übrigens auch als Windhose (bzw. auf dem Wasser als Wasserhose) bezeichnet.

ドイツには地震がなく、おそらく大半のドイツ人はそれを経験したことが一度もないだろう、とよく言われます。しかし実は、ときおり小さな揺れはあるのです。これらの地震の多くは採掘が引き起こす揺れで、それゆえ局地的に小さな被害をもたらします。そのマグニチュードは4を超えることはめったにありません。この被害に見舞われるのは、とりわけアーヘン、ゲーラそしてテュービンゲンです。

　ドイツで、より壊滅的な多くの被害は、河川・海の氾濫によってもたらされます。戦後最大級の洪水のひとつは、1962年のハンブルクにおける高潮でした。潮の干満と、水位上昇、そして嵐による水の押し上げが不幸にも重なり合って、一夜にして300人以上の命が奪われました。

　しかしそれ以後、早期警戒システムは目覚ましい進歩を遂げました。そして、2013年6月に発生した、世紀の大洪水と言われた洪水では、なんとか14名の死者数にとどめることができました。このときには、ドイツ中で何日にもわたって雨が降り続き、多くの川が河岸や堤防を越えました。

　これらの災害以外にも、最近では5月から8月の間に竜巻がますます頻繁に発生しています。しかし、これまでに数名のけが人が出ていますが、死亡事故はほとんど起きていません。ちなみに、竜巻はときおり「風ズボン（水上に現れる場合は水ズボン）」と呼ばれたりもします。

verheerend	壊滅的な
Sturmflut	高潮
ums Leben kommen	命を落とす
Frühwarnsysteme	早期警報システム
Jahrhundert-Hochwasser	世紀の大洪水

> **Was war denn die größte Naturkatastrophe der letzten Jahre?**

J Die Deutschen haben es ja echt gut. Wir in Japan haben ständig mit allen möglichen Naturkatastrophen zu kämpfen. Was war denn die größte Naturkatastrophe der letzten Jahre?

D Es kann zwar vielleicht nicht direkt als Naturkatastrophe bezeichnet werden, aber durch eine extreme Hitzewelle im Jahr 2003 starben über 3500 Menschen.

J Oje, so viele? In Deutschland gibt es ja in den Häusern auch kaum Klimaanlagen, stimmt's?

D Genau. Die hitzebedingten Gefahren durch Dehydrierung besonders für ältere Menschen wurden ziemlich unterschätzt.

J Das heißt, die Deutschen fürchten sich jetzt bestimmt davor, dass so etwas noch mal vorkommen könnte, oder?

D Eigentlich eher weniger. Hitzewellen fordern zwar viele Todesopfer, aber die Bilder im Fernsehen von Überflutungen oder Orkanen sind viel dramatischer. Zum Beispiel 2002, als bei der bislang teuersten Naturkatastrophe Deutschlands viele Häuser unter Wasser standen. Insgesamt entstanden damals über 11 Milliarden Euro Schaden. Die Angst vor solchen Katastrophen ist viel größer, auch wenn dabei vergleichsweise weniger Menschen zu Schaden kommen.

J Aber vielleicht kommen durch den Klimawandel in den nächsten Jahren noch mehr Katastrophen auf Deutschland zu. Es gibt doch auch Vulkane in Deutschland, oder?

D Ja, aber an einen Vulkanausbruch glaube ich eher nicht. Alle bis auf zwei Vulkane sind schon lange erloschen – und die beiden in der Oberpfalz und in der Eifel sind schlafende Vulkane, also keine aktiven. Anstatt an solche dramatischen Ereignisse zu denken, sollte man sich eher anständig gegen Hitzeperioden wappnen. Solche Vorkommnisse wie im Sommer 2015, als im ICE die Klimaanlage ausgefallen ist, sollten wirklich nicht noch mal passieren.

最近で一番大きかった自然災害は何ですか？

日 ドイツの人は恵まれていますね。日本では常にありとあらゆる自然災害と向き合わねばなりませんから。最近で一番大きかった自然災害は何ですか？

ド 直接の自然災害とは言えないかもしれませんが、2003年の猛暑では3500人が亡くなりました。

日 そんなに？　そういえば、ドイツの家にはエアコンがないんでしたよね？

ド そうなんです。高温によるお年寄りの熱中症の危険性は過小評価されていました。

日 またそうしたことが起こるかもしれないという心配があるのですね？

ド そうでもないんです。確かに猛暑は多くの死者をもたらしますが、洪水やハリケーンのテレビ映像のほうがショッキングです。たとえば、2002年の史上最大の被害額となったドイツの自然災害では、多くの家屋が浸水しました。当時、合わせて110億ユーロを上回る損害が生じました。人的被害は比較的少なくても、そのような災害に対する不安のほうが大きいのです。

日 ただ、気候変動によって、近いうちにドイツでも、もっと多くの自然災害が起こるかもしれませんね。ところで、ドイツにも火山はあるんですか？

ド ええ、ただ噴火はしないと思います。2つの火山（これらはオーバープファルツとアイフェルにあり、ともに休火山）を除いてはもう長いこと活動していませんし、活火山はありません。そのような想像を絶する出来事について考えるよりも、猛暑に対して十分な備えをするべきです。2015年の夏に起きたような、ICEの冷房がダウンするようなことは繰り返してはいけません。

26　統一についてどのように考えていますか？
Wie denken die Deutschen heutzutage über die Einheit?

Auch über ein Vierteljahrhundert nach der Deutschen Einheit kann dieser Prozess noch nicht als abgeschlossen bezeichnet werden. Während das Thema Ost-West für die jungen Deutschen kaum noch eine Rolle spielt, glaubt ein Großteil der Bevölkerung auch heutzutage noch, dass zwischen den ehemaligen Bürgern der Deutschen Demokratischen Republik und der Bundesrepublik Deutschland unterschiedliche Mentalitäten existieren.

Da es im rechtlichen Sinne keine „Wiedervereinigung" war, sondern ein „Beitritt" der DDR zur BRD, gab es für die Westdeutschen kaum Veränderungen. Doch die Ostdeutschen mussten sich nach der Wende an die neuen Verhältnisse in ihrem Land gewöhnen. In der Planwirtschaft des Sozialismus war jeder Arbeitsplatz gesichert, doch nun mussten sich die 16 Millionen Bewohner der ehemaligen DDR an die neue Währung, neue Verträge, neue Arbeitsweisen, Versicherungen und vieles mehr gewöhnen. Nach dem Mauerfall herrschte zunächst eine euphorische Stimmung über die gelungene Wiedervereinigung. Die Ostdeutschen glaubten, dass alles recht schnell gehen würde und die Westdeutschen, dass sie selbst nicht mit finanziellen Einbußen zu rechnen hätten. Die Ernüchterung über den tatsächlichen Verlauf, welcher Insolvenzen als Folge der fehlenden Wettbewerbsfähigkeit und Arbeitslosigkeit mit sich brachte, war groß. Auch heutzutage liegt die Wirtschaftskraft des Ostens nur bei rund zwei Dritteln der westdeutschen Wirtschaftskraft. Eine der größten Baustellen der Wiedervereinigung ist es, eine Lohnangleichung zu schaffen.

Und auch wenn es in wirtschaftlich schlechten Zeiten immer wieder Meldungen in die Nachrichten schaffen, dass sich Menschen auf beiden Seiten die Mauer zurückwünschen, so bewerten laut einer Umfrage zum 25. Jahrestag der Wiedervereinigung trotzdem drei Viertel der Bevölkerung die Wiedervereinigung positiv.

ドイツ統一から四半世紀を経た今でも、統一のプロセスはまだ完結したとは言えません。ドイツの若者にとって、「東と西」というテーマはほとんど意味をなしませんが、今日でもドイツの住民の大部分は、元東ドイツと元西ドイツ市民の間にはさまざまなメンタリティーの違いがあると思っています。

　法的な意味では「再統一」と呼べるものではなく、東ドイツの西ドイツへの「編入」だったので、西ドイツの人々にとってさしたる変化はありませんでした。しかし、東ドイツの人々は統一後に、自国でさまざまな新しい環境に慣れなければいけませんでした。社会主義の計画経済下では、すべての職は保証されていましたが、1600万人の東ドイツ住民は新しい通貨、新しい契約、新しい労働方法や保険などさまざまな仕組みに適応せねばなりませんでした。さしあたり壁の崩壊後は、再統一成功に対する高揚感が支配的でした。東ドイツ人は、すべてがすぐにうまくいくと思い、西ドイツ人は自身の経済的な損失にはならないと思っていました。この事実上の売却は競争力の欠如を原因とする倒産や失業を生みだし、その幻滅は大きなものでした。今日でも、東の経済力は西の3分の2程度にとどまっています。賃金格差をなくすことは統一の最重要課題のひとつです。

　たとえ、経済が落ち込んだときは常にニュースで、東西両方の元住民が壁の復活を望んでいるといったことが報じられているとしても、再統一後25周年の日のアンケートによれば、4分の3の国民がドイツ統一を肯定的にとらえているのです。

Wiedervereinigung	再統一
Beitritt	編入
euphorisch	幸福に満たされた、高揚した
Insolvenz	破産
Lohnangleichung	賃金の格差をなくすこと

> **Ist bei der „Wiedervereinigung" der ganze Osten mit allem was dazu gehört quasi völlig verschwunden?**

J Ist bei der „Wiedervereinigung" der ganze Osten mit allem was dazu gehört quasi völlig verschwunden?

D So kann man das auch nicht sagen. Zwar wurde fast alles an den Westen angepasst, aber es war schließlich nicht alles im Osten schlecht. Einige Produkte haben es durchaus auch in den Westen geschafft. Das berühmteste Beispiel ist vermutlich das Ampelmännchen. Natürlich gibt es überall auf der Welt Ampelmänner, aber der kleine Kerl aus dem Osten ist einfach am niedlichsten. Außerdem ist der leuchtende Bereich größer als der schwarze Bereich, das heißt, es ist für Fußgänger gut zu erkennen.

J Also hat man nach 1990 nicht das Ampelmännchen aus dem Westen, sondern das aus dem Osten übernommen?

D Zunächst wurden die Ampeln aus dem Osten durch die aus dem Westen ersetzt. Doch dagegen gab es Proteste und nun sieht es so aus, dass die Ost-Ampelmännchen sogar an einigen Stellen den Sprung in den Westen geschafft haben.

J Gibt es denn sonst noch etwas?

D Da wäre zum Beispiel das Sandmännchen. Das gab es seit Ende der 50er Jahre sowohl in Westdeutschland als auch in Ostdeutschland. Allerdings wurde das Sandmännchen aus dem Westen bereits kurz vor der Wende eingestellt, das Ost-Sandmännchen existiert hingegen immer noch.

J Worum geht es denn eigentlich beim Sandmännchen?

D Das ist eine Sendung, in der Gute-Nacht-Geschichten für Kinder gezeigt werden. Und am Ende verstreut der Sandmann Schlafsand in Richtung der Zuschauer, damit die Kinder müde werden.

J Er streut den Kindern Sand in die Augen? Findest du das nicht ein bisschen brutal?

D Nein, aber doch keinen echten Sand! Schlafsand! Hab doch mal ein bisschen Fantasie!

東ドイツのものはすべて消滅してしまったんですか？

日 「再統一」のとき、東ドイツのものはすべて消滅してしまったんですか？

ド そうとも言えません。ほとんどのものは西側に合わされましたが、東のもののすべてが粗悪だったわけではなかったんです。いくつかの製品は西側でも成功を収めたんですよ。一番有名なのは、おそらくアンペルマン（信号機のサイン）でしょう。もちろん世界中の信号にアンペルマンはいますが、東ドイツの信号機のサインが一番かわいいです。さらに、黒い部分より光る部分が多いので、歩行者に見分けやすいのです。

日 つまりは1990年以降、西ドイツのアンペルマンではなく東側のアンペルマンを採用したのですか？

ド 最初、東側の信号機は西側のものに取り替えられました。でも、抗議運動が起こり、いくつかの場所では東のアンペルマンが西側への進出を遂げました。

日 ほかに何かありますか？

ド たとえばザントマン（砂男。子どもの目に砂をまいて眠らせるといわれる）でしょうか。50年代終わりから東でも西でも別々にテレビで放映されていました。西のザントマンは統一のちょっと前に放送が終了しましたが、東のザントマンは今でも健在ですよ。

日 ザントマンって、いったいどのような話なんですか？

ド おやすみ前のお話を子どもに聞かせる番組です。番組の最後にザントマンが視聴者に向かって眠り砂をまいて、それで子どもが眠くなってしまうんです。

日 目に砂をまくですって？　ちょっと荒っぽくない？

ド まさか、本当の砂ではないよ、眠り砂だよ！　もう少しイマジネーションを働かせなきゃ。

27) 北部と南部の違いは大きいですか？
Sind die Unterschiede zwischen Norden und Süden groß?

Da Deutschland früher aus vielen kleinen Königreichen und Fürstentümern bestand, hat jede Region ihren ganz eigenen Charakter. Sowohl die Wesensart der Menschen als auch die geographischen Unterschiede fallen einem sofort ins Auge.

Im Süden Deutschlands liegen die Alpen bzw. Voralpen, das heißt es ist generell eher bergig. Der Norden hingegen ist flach und es finden sich überall viele Seen. Das Klima ist hier stark von der angrenzenden Ost- und Nordsee abhängig. Diese Landschaft wurde durch die Gletscher der letzten Kaltzeit geformt, die von Norden her ungefähr 200 Kilometer ins Land stießen.

Historisch gesehen existierte zur Zeit der Industrialisierung im 19. und 20. Jahrhundert ein Nord-Süd-Gefälle. Während die süddeutschen Regionen stark von der Landwirtschaft geprägt waren, hatte der Norden einen wirtschaftlich besseren Standpunkt, da Handel über das Meer möglich war. Inzwischen ist dieser Standortvorteil kaum noch relevant und die Situation hat sich eher umgekehrt: Viele große Firmen haben ihren Hauptsitz heutzutage in den Bundesländern Bayern und Baden-Württemberg und auch die Arbeitslosenzahlen sind in diesen Regionen am niedrigsten. Der Lebensstandard ist generell in ganz Deutschland sehr hoch und die demographischen und wirtschaftlichen Differenzen sind nicht so stark, dass man von einem tatsächlichen Süd-Nord-Gefälle sprechen könnte, doch vor allem beim Länderfinanzausgleich kann man diese Strukturunterschiede bemerken.

Was den Charakter der Menschen betrifft, sollte man Verallgemeinerungen vermeiden, doch es heißt, dass die Menschen im Süden eher lebhaft und offener seien, während die Bewohner des Nordens eher kühl und eigenbrötlerisch seien.

ドイツは過去に多くの小さな王国や候国から成り立っていたので、各地域は独自性を保持しています。人々の気質と同様に地理的な差も一目瞭然です。

　ドイツ南部では、アルプスつまりプレアルプス（バイエルン南部）が広がっています。この地方は、一般的にやや山の多い地域です。これに対して、北部は平らですし、あちこちで海に面しています。この地域の気候は、面しているバルト海や北海の影響を大きく受けています。地形は、寒冷期の氷河によって形作られており、氷河が北から南へ200キロにわたって大陸の表面を削り取りました。

　歴史的に、19、20世紀の工業化の時代まで、南北には格差がありました。南ドイツ地方が農業中心であったのに対して、海洋貿易が可能だったことから北部は経済的に優位な立場ありました。今や、このような立地条件からくる優位性はさしたる意味を持ちませんし、むしろ逆転した状況が生まれています。つまり、巨大企業の多くは、今日ではバイエルン州やバーデン・ヴュルテンベルク州に本社を置いていますし、失業者数もこれらの南部地域が最も低いのです。生活水準は一般的にドイツ全体で非常に高く、人口的・経済的な差は、南北格差と言ってしまうほどには大きくはありません。ただし、とくに州間財政の調整が話題にのぼると、このような構造的な差に気づかされます。

　人々の性格を一般化するのは難しいでしょう。ただあえて言うならば、南の人々はにぎやかで開放的であるのに対して、北部の住民はやや冷ややかで偏屈な面があると言われています。

Wesensart	性格上の特徴、気質
Industrialisierung	工業化
relevant	重要な
demographisch	人口統計学上の
Nord-Süd-Gefälle	南北格差
Verallgemeinerung	一般化
eigenbrötlerisch	偏屈な

Wo hört denn der Norden auf und wo fängt der Süden an?

J Mal eine ganz generelle Frage – wo hört denn der Norden auf und wo fängt der Süden an?

D Gute Frage! Also die Bundesländer Schleswig-Holstein, Mecklenburg-Vorpommern, Niedersachsen, Hamburg und Bremen kann man auf jeden Fall zum Norden rechnen. Und Sachsen-Anhalt, Berlin und Brandenburg auch. Sachsen, Hessen, Thüringen und Nordrhein-Westfalen liegen irgendwie genau auf der Grenze, da kann man sich drüber streiten. Alles was darunter liegt, ist dann aber schon Süden.

J Also ungefähr am Main entlang?

D Genau. Manche sprechen hier übrigens auch scherzhaft vom „Weißwurstäquator".

J Ahh, ich kann mir schon fast denken, wie der Name zustande gekommen ist.

D Südlich dieser Grenze wird traditionell Weißwurst gegessen, nördlich nicht.

J Und gibt es sonst noch Unterschiede beim Essen?

D Ja, zum Beispiel kommen die Spätzle auch aus dem Süden. Im Norden dagegen gibt es jede Menge Fischgerichte: Räucheraal, Fischbrötchen, Backfisch...

J Wow, ich hätte nicht gedacht, dass die Deutschen so viel Fisch essen.

D Im Norden ist das Meer halt ganz nah. Deswegen sehen die Häuser auch ganz anders aus. Wenn man von deutschen Häusern spricht, denkt man meistens an Fachwerkhäuser. Aber im Norden müssen die Häuser dem Wind und der Sonne trotzen, sie sind also ganz anders gebaut. Am prägnantesten sind vermutlich die mit Reet gedeckten Dächer.

北ドイツと南ドイツの境はどこですか？

日 一般的に、北ドイツはどこまでで、どこからが南ドイツですか？

ド いい質問です！　シュレスヴィヒ・ホルシュタイン州、メクレンブルク・フォアポンメルン州、ニーダーザクセン州、ハンブルク、ブレーメンは間違いなく北ドイツにカウントできます。ザクセン・アンハルト州、ベルリン、ブランデンブルク州も同様です。ザクセン州、ヘッセン州、テューリンゲン州、ノルトライン・ヴェストファーレン州あたりが境界ですが、議論の余地がありますね。それより下にあるのは、もう完全に南ドイツですね。

日 だいたいマイン川沿いということ？

ド そうです。この地域を冗談まじりに「白ソーセージの赤道」と言う人もいます。

日 あぁなるほど、どうしてそう呼ばれるか、だいたい想像がつきます。

ド その境界より南では伝統的に白ソーセージが食べられていて、それより北では慣習的には食べませんね。

日 では、ほかにも食に関して南北で違いはありますか？

ド そうですね、たとえばシュペッツレも南の食べ物です。それに対して北ではさまざまな魚料理が食べられます。薫製うなぎ、フィッシュバーガー、魚のフライなどです。

日 へぇ、ドイツ人がそんなに魚を食べるなんて思いもよりませんでした。

ド 北部は海に近いんです。だから建物の外見もずいぶん違っています。ドイツ家屋というと、木組みの家を想像することが多いですが、北部は風や日光に耐えないといけませんから、建て方がまったく違います。最も特徴的なのは茅葺き屋根でしょうか。

キーワード②

Sorbe

ソルブ人。スラブ系の人々で、チェコ語などに近いソルブ語を話す。ドモヴィーナという語学学校やラジオ放送などで、言語を維持しようとしている。また、イースターエッグの繊細な染色は広く知られている。ソルブ人の住むラウジッツ地方を舞台とした、オットフリート・プロイスラー原作の児童文学『クラバート』は、アニメ映画『千と千尋の神隠し』の題材のひとつとされている。

Kölsch

ケルシュ。ケルン地域で醸造されるビールの種類。上面発酵の濾過した透明に近いビールで、その細長いグラスが特徴とされる。最近は、日本でも何種類かを飲むことができる。諸説はあるが1920年頃に「ケルシュ」としてブランド化された。その後、第二次世界大戦後に現在のような人気となった。

Zwei-plus-Vier-Vertrag

2プラス4条約。「ドイツに関する最終的な規定条約（Vertrag über die abschließende Regelung in Bezug auf Deutschland）」が正式名称。第二次世界大戦後にドイツを占領したアメリカ、ソ連、イギリス、フランスの4カ国に、西ドイツと東ドイツを加えて調印されたことからこう呼ばれる。事実上のドイツ統一の国際的承認となり、駐留ソ連軍の撤退なども決められた。1990年調印、1991年3月に発効した。ユネスコ記憶遺産には2011年に登録されている。

FKK

Freikörperkultur（自由身体文化）の略語。ヌーディズムの一種だが、歴史的には19世紀の急速な工業化・近代化に対する運動として発展した経緯をもつ。東ドイツで盛んだった。今でも、ドイツの特定の海岸や公園などで裸体で過ごす人を見かける。ただし、運動自体はドイツだけではなく、ヨーロッパ全体に広がっている。

現代社会

第3章

Moderne Gesellschaft

28　子どもの進路が早く決まるというのは本当？
Stimmt es wirklich, dass sich die Zukunft der deutschen Kinder bereits ganz früh entscheidet?

Das deutsche Schulsystem ist nicht staatlich geregelt. Daher sind die Lerninhalte und die Dauer bis zum Abschluss auch von Bundesland zu Bundesland unterschiedlich. Die Schulpflicht besteht in allen Bundesländern für mindestens neun Jahre und das Einschulungsalter liegt meistens bei sechs Jahren. Die ersten vier (oder in Berlin und Brandenburg sechs) Jahre geht ein Kind in die Grundschule und anschließend auf eine weiterführende Schule.

Im gegliederten Schulsystem Deutschlands gibt es als weiterführende Schulen Gymnasien, Realschulen und Hauptschulen. Im letzten Schuljahr der Grundschule bekommt jedes Kind auf Grundlage seiner schulischen Leistungen vom Klassenlehrer eine Empfehlung für einen dieser drei Schultypen. Die Eltern müssen dieser Entscheidung jedoch nicht folgen.

Die Hauptschule schließt man mit der „Berufsschulreife" ab. Der Unterricht ist sehr praxisorientiert und soll vor allem auf den späteren Beruf vorbereiten. Typische Berufe danach sind zum Beispiel Friseur, Klempner oder Bäcker. An der Realschule werden ebenfalls berufsbezogene Inhalte vermittelt, ohne jedoch auf eine wissenschaftliche Orientierung zu verzichten. Mit dem Abschluss kann man zum Beispiel Bankkaufmann/-frau, MTA (medizinisch-technischer Assistent) oder Automechaniker werden. Der Abschluss des Gymnasiums und damit der Erwerb des Abiturs berechtigen zum Studium.

In den letzten Jahren macht ungefähr die Hälfte der Jugendlichen Abitur, doch nur die Hälfte von diesen Abiturienten macht am Ende auch einen Hochschulabschluss. Wenn man bedenkt, dass fast nur mit einem Gymnasialabschluss auch der Besuch einer Universität möglich ist, entscheidet sich die Zukunft eines Kindes tatsächlich sehr früh. Doch es gibt immer noch die Möglichkeit eines Quereinstiegs, z.B. eines Fachabiturs nach Abschluss der Realschule.

ドイツの学校システムは国家レベルで統一されていません。ですから、教える内容や修了までにかかる期間も連邦州ごとで異なりますし、義務教育はどの州でも最低9年となっており、入学年齢はたいていの場合6歳になっています。最初の4年間（ベルリンやブランデンブルク州は6年間）は、小学校に通い、それに続いて中等教育に進みます。
　ドイツの分岐型の学校システムでは、中等教育としてギムナジウムや実科学校、そして基幹学校があります。小学校の最終年で、担任教師は、生徒の成績をもとにこの3種類の学校タイプのうちひとつをすすめます。ただし親は、この決定に必ずしも従わなくてもかまいません。
　基幹学校を終えると、「職業学校入学資格」が得られます。その授業はとても実践向きで、とくに後の職業を準備するものです。修了後の典型的な職業は、たとえば美容師、板金工やパン屋です。実科学校でも、職業に関わる教育内容を学びますが、そこには学術的な要素も入っています。たとえば修了後には、銀行員、医療技師（MTA）あるいは自動車修理・整備士になることができます。ギムナジウムを修了しアビトゥーアを取得して初めて、大学へと進む資格を得ます。
　ここ最近は、若者のおよそ半数がアビトゥーアを取得しますが、さらにその半分だけが大学卒業資格を得ます。ギムナジウムを修了しないと大学への道が開けるのはまれなことを考えれば、子どもの未来は実際にはとても早く決まるかのように思われます。しかし、進路変更の選択肢として、たとえば実科学校修了後に単科大学入学資格を得ることができます。

weiterführend	さらに先に続く
praxisorientiert	実践向きの
Gymnasium	ギムナジウム
Realschule	実科学校
Hauptschule	基幹学校
berechtigen	権利を与える
Abiturient	アビトゥーア取得者（卒業生）
Quereinstieg	進路変更

Was sind Steiner-Schulen?

J Was sind Steiner-Schulen?

D Die werden in Deutschland meistens Waldorfschulen genannt. Dort werden die Talente der Kinder gefördert. Laut dem Bund der Freien Waldorfschulen gibt es weltweit über 1.000 Waldorfschulen und etwas weniger als ein Viertel davon in Deutschland. Viele glauben, dass Steiner aus Deutschland kommt, aber eigentlich war er Österreicher.

J Ah, das wusste ich nicht. Aber seine Waldorfpädagogik ist ziemlich verbreitet in Deutschland?

D Naja, insgesamt sind es glaube ich weniger als ein Prozent der Schüler in Deutschland, die eine Waldorfschule besuchen. Solche alternativen Bildungsmodelle werden meistens eher kritisch beäugt. Die Schüler, die eine Regelschule besuchen, machen sich oft lustig über die Kinder, die an einer Waldorfschule lernen. Da es dort keine Noten gibt und man sich seine Lerninhalte selbst wählen kann, denken viele, dass Waldorfschüler an „richtigen" Schulen doch sofort sitzenbleiben würden.

J Was meinst du denn mit „sitzenbleiben"?

D Na, die Klasse wiederholen müssen. Ich glaube, in Japan ist das ziemlich unüblich, oder? Aber wenn man in Deutschland als Schüler nicht die geforderten Leistungen erbringt, kann es einem schnell passieren, dass man durchfällt. Dadurch entsteht natürlich ein Leistungsdruck, den die Waldorfschüler nicht haben.

J Und sind denn die Schüler an Regelschulen tatsächlich schlauer als die Kinder, die nach dem System lernen, das Steiner entwickelt hat?

D Darüber sind die Meinungen geteilt. Aber Fakt ist, dass die Schüler an den Waldorfschulen mit mehr Begeisterung lernen und auch die Lernatmosphäre und ihr Verhältnis zu den Lehrern besser einschätzen als Schüler im regulären Schulsystem. Und laut vielen Studien unterscheiden sich die Leistungen der Schüler nur geringfügig voneinander. Viel größer sind die Unterschiede zwischen den durchschnittlichen Abschlussnoten beim Abitur in den einzelnen Bundesländern.

シュタイナー学校って何ですか？

日 シュタイナー学校って何ですか？

ド ドイツではヴァルドルフ学校と呼ばれている、子どもの才能を重視する学校です。自由ヴァルドルフ学校連盟によると、ヴァルドルフ学校は世界中で1000校以上あり、その4分の1弱はドイツにあります。シュタイナーがドイツ出身だと思っている人が多いですが、実はオーストリア出身なんです。

日 へぇ、知りませんでした。でも、ヴァルドルフの教育学はドイツでかなり広まっているんですね？

ド まぁ、でも、ヴァルドルフ学校に通うのはドイツの生徒全体の1％に満たないんですよ。そういった代替教育モデルはよく批判にさらされます。規定の学校に通う生徒は、ヴァルドルフの生徒を馬鹿にしたりします。ヴァルドルフ学校には成績がなく、授業の内容も自分たちで選べることから、多くの人は、「ふつうの」学校では即座に「座り続ける」んじゃないかと思っています。

日 「座り続ける」って？

ド 同じクラスを繰り返すことです。日本ではあまりないことですよね？ドイツでは、求められた成績を上げられない生徒はすぐに落第します。もちろん、ヴァルドルフ学校にはない成績向上のプレッシャーもあります。

日 規定の学校の生徒は、シュタイナーが開発したシステムで学ぶ生徒より優秀ということなんですか？

ド そこは意見の分かれるところです。しかし、ふつうの学校システムの生徒たちよりヴァルドルフ学校の生徒のほうが熱心に勉強するし、勉強する雰囲気や教師との関係もよいと評価されているのは事実です。多くの研究によると、学力差は微々たるものだともされています。むしろある州とある州との間のほうが、アビトゥーアの際の修了成績の平均点には、より大きな差があるとされています。

29 環境保護のためにどんなことをしていますか？
Wie steht es um den Umweltschutz in Deutschland?

In Japan wird Deutschland oft als ein fortschrittliches Land angesehen, was den Umweltschutz angeht. Ein Großteil der Deutschen selbst ist jedoch davon überzeugt, dass noch mehr für den Umweltschutz getan werden sollte. Was die Durchsetzung von Maßnahmen zur Nachhaltigkeit betrifft, liegt Deutschland im internationalen Vergleich hinter den nordischen Ländern wie Schweden, Norwegen oder Finnland.

Die Bundesregierung gibt jedes Jahr ungefähr neun Milliarden Euro für den Umweltschutz aus. Durch Gesetze wie das Abfallbeseitigungsgesetz (1972), das Bundesnaturschutzgesetz (1976) und das Chemikaliengesetz (1980) hat die Bundesregierung vor allem seit den 70er Jahren viele Maßnahmen getroffen. Durch das Kreislaufwirtschafts- und Abfallgesetz (1994) wurde ein Hauptaugenmerk nicht nur auf die Verwertung, sondern auch die Vermeidung von Müll gelegt. Denn in Deutschland wurden 2014 ca. 37,6 Millionen Tonnen Restmüll produziert. Seit 2005 darf dieser nicht mehr einfach auf Deponien entsorgt werden, sondern muss zunächst vorbehandelt werden.

Ein Grund für den Erfolg der Maßnahmen ist die innovationsorientierte Umweltpolitik in Deutschland. Neue Technologien werden erfunden und weiterentwickelt, die die Umwelt entlasten und gleichzeitig die Wirtschaft ankurbeln sollen. Denn eine staatliche Lenkung allein reicht nicht aus – die Beteiligung der lokalen Bevölkerung und der Wirtschaft ist essentiell.

Viele Deutsche sehen den Umwelt- und Klimaschutz als eines der wichtigsten Probleme der Gegenwart an. Doch gerade in wirtschaftlich schwierigen Zeiten stehen letztendlich doch oft die persönlichen Sorgen an erster Stelle. Dennoch bemühen sich viele, im privaten Bereich etwas für die Umwelt zu tun, zum Beispiel durch den Einsatz von Stofftaschen beim Einkaufen oder durch den Kauf energieeffizienter Haushaltsgeräte.

日本では、環境保護に関してドイツは先進国だとしばしば見なされています。しかし、ドイツ人自身の大部分は環境保護に対してなすべきことがもっとあると思っています。国際的に比べてみると、持続性へ向けた措置の徹底化に関して、ドイツは、スウェーデン、ノルウェーあるいはフィンランドなどの北欧諸国に遅れをとっています。

　環境保護に、ドイツ連邦政府は毎年およそ90億ユーロを支出しています。廃棄物処理法（1972年）、連邦環境保護法（1976年）そして化学物質（規制）法（1980年）といった法律によって、連邦政府はとりわけ1970年代以降に多くの措置を講じてきました。循環経済・廃棄物法（1994年）では、主眼点が、再利用だけでなく廃棄物を出さないことにも置かれています。というのも、ドイツでは2014年に3760万トンものゴミが生み出されています。2005年以降、これらをいきなりゴミ処理場で処理してはならず、まずは事前処理をせねばなりません。

　ドイツで、この対策がうまくいった理由は、技術革新を重視する環境政策にあります。環境に負荷を与えずに、同時に経済を活発化させる新たなテクノロジーが生み出され、さらに発展しています。というのも、なぜなら、国の舵取りだけでは不十分なので、地域社会の人々や経済界の参加が必要不可欠だからです。

　多くのドイツ人は、環境保護・気候保全を、現代における最も重要な問題のひとつだととらえています。しかし、不況のときには、結局は個人的な関心事がしばしば優先されてしまいます。それでも、身の回りで環境のためにできるだけ努力をしようとしています。たとえば、買い物のときにエコバッグを使ったり、電力消費の少ない家電を購入したりといったことです。

fortschrittlich	進んだ
Nachhaltigkeit	持続性
Verwertung	活用
Deponie	ゴミ処理場
ankurbeln	てこ入れする
Stofftasche	布カバン、エコバッグ
energieeffizient	エネルギー効率のよい

> **Was gibt es sonst noch so, was die Deutschen für die Umwelt tun, was die Japaner nicht machen?**

J Was gibt es sonst noch so, was die Deutschen für die Umwelt tun, was die Japaner nicht machen?

D Was einem am meisten auffällt, sind die Bemühungen, Energie zu sparen. Das passiert gleich beim Hausbau. Ich finde die deutsche Wärmedämmung der Häuser definitiv besser als die japanische.

J Japanische Häuser sind eben eher darauf ausgerichtet, die Hitze im schwülen Sommer abzuhalten.

D Ich komme mit dem heißen Klima ja auch nicht so gut klar, aber trotzdem übertreiben es manche Kaufhäuser wirklich mit der Klimatisierung. Findest du nicht auch? Und dass die Kühlregale in den Supermärkten immer offen sind, das verstehe ich auch nicht. Man könnte das Fleisch und den Fisch doch auch hinter einer Glaswand zum Verkauf anbieten. Da könnte man so viel Energie sparen!

J Jetzt wo du es sagst... Das ist mir bisher überhaupt nicht in den Sinn gekommen.

D Im Sommer sieht man hier auch immer so viele Autos mit eingeschaltetem Motor auf Parkplätzen. Da könnt ich mich immer tierisch aufregen! Und erst diese ganzen überflüssigen Verpackungen!

J Ja, ja, ich habe verstanden, dass ihr Deutschen ein größeres Öko-Bewusstsein habt als der durchschnittliche Japaner. Aber gibt es denn nicht auch Maßnahmen, die bei euch fehlgeschlagen sind?

D 'Tschuldige, ich wollt' mich da gar nicht so reinsteigern. Fehlschläge...? Hmm, vielleicht die Einführung des Biosprit E10 Anfang 2011. In diesem Kraftstoff sind 10% Bioethanol enthalten. Aber viele Autofahrer haben Angst, dass dieser sogenannte „Motorkiller" Schaden an ihren Autos anrichten könnte und boykottieren ihn. Trotz Umweltfreundlichkeit konnte diese politische Maßnahme also nicht punkten.

ドイツ人がエコのためにやっていることは何ですか？

日 日本人がやっていなくて、ドイツ人がエコのためにやっていることは何ですか？

ド ぱっと思いつくのは、節電をしっかりとしていることでしょうか。家を建てるときもエコを意識しています。ドイツの家の断熱は日本よりすぐれていると思いますよ。

日 日本の家は夏の蒸し暑さを防ぐようにできていますからね。

ド 暑いのは私も苦手だけど、デパートなんかの冷房はそれにしてもやりすぎかな。そう思わない？　スーパーの冷蔵棚も開けっ放しなのが理解できないね。肉や魚はガラスの扉の向こうに陳列したっていいでしょう。そうすればもっと電力を節約できるのに！

日 今の話…これまでまったく思いもしなかったよ。

ド 夏になると、駐車場でエンジンをつけっぱなしの車が多いでしょう。いつもものすごくイライラするんだよね！　それにあの過剰包装！

日 ああ、はいはい、わかりますよ。ドイツのみなさんは平均的に日本人に比べてとてもエコ意識が高いってことだよね。でも、ドイツでだってうまくいっていないことはあるんじゃないの？

ド ごめん、ちょっと熱くなりすぎたよ。失敗？　うーん、2011年初めに導入されたBiosprit E10かな。この燃料は10％のバイオエタノールを含んでいるんだけど、多くのドライバーはいわゆるこの「モーターキラー」が故障を引き起こすのではないかと心配して、ボイコットしたんだ。環境にやさしくても、この政策はうまくいかなかったんだ。

30 ワーク・ライフ・バランスはどうなっていますか？
Wie sieht es mit der Work-Life-Balance in Deutschland aus?

Deutsche sind im Ausland oft als fleißig, pünktlich und ordentlich bekannt. Im europäischen Vergleich mag das vielleicht zutreffen. Doch es gibt gravierende Unterschiede bei der Arbeitsweise der Deutschen und der Japaner.

Zunächst einmal ist die Zahl der Überstunden sehr viel geringer als die der Japaner. Im Durchschnitt hat jeder Deutsche 50 Überstunden pro Jahr – das sind sehr viel weniger als in Japan. Das liegt unter anderem daran, dass die Arbeitsweise in vielen Betrieben rationaler ist. Außerdem sind viele Deutsche nicht bereit, länger zu arbeiten als es in ihrem Arbeitsvertrag steht. Nicht geschaffte Arbeit wird auf den nächsten Tag verschoben, auch wenn der Kunde dadurch warten muss. Deswegen hört man oft auch den Begriff „Servicewüste Deutschland". Doch die Arbeitszeiten sind klar geregelt und die Gewerkschaften achten darauf, dass sie eingehalten werden. Wenn über einen langen Zeitraum Überstunden bei einem Arbeitnehmer anfallen, muss der Arbeitgeber eine neue Stelle schaffen. Andernfalls kann eine langfristige Beschäftigung und die Gesundheit der Mitarbeiter nicht gewährleistet werden.

Jeder Deutsche hat Anspruch auf die gesetzlich vorgeschriebene Anzahl von 20 Urlaubstagen. Doch im Durchschnitt hat jeder Deutsche sogar mehr freie Tage pro Jahr, nämlich 29 Tage. Diesen Urlaub nutzen die meisten Arbeitnehmer auch voll aus. Wenn man seinen Urlaub nicht nimmt, muss man dafür eine konkrete Begründung einreichen. Während des Urlaubs ist es unüblich, dienstliche Telefonate und E-Mails zu beantworten – die Zeit sollte wirklich nur zum Entspannen genutzt werden. Vielleicht liegt ein Grund für die effiziente Arbeitsweise der Deutschen in ihrer vergleichsweise ausgeglichenen Work-Life-Balance.

ドイツ人は、勤勉で、時間通りに行動し、そして整理整頓が上手だと外国ではよく思われています。ヨーロッパ内で比較した場合、それはある程度は当てはまるかもしれません。でも、働き方に関してはドイツ人と日本人には決定的な違いがあります。

　そもそも日本人と比べて、ドイツ人の残業時間は極めて短いのです。平均してドイツ人1人あたりの残業時間は、年間50時間となっています。これは日本と比べて非常に少ないと言えます。その中でも、働き方がより合理化されていることが理由のひとつでしょう。そのうえ、多くのドイツ人は労働契約で定められた以上に働こうとはしません。そのうえ、ドイツ人は労働契約で定められた以上に働こうとはしません。たとえ顧客が待たねばならなくとも、終わらなかった仕事は次の日に回します。そのため、「サービス砂漠・ドイツ」という言葉をしばしば耳にすることさえあります。けれども、労働時間は明確に規則化されていますし、労働組合もそれらの遵守に目を光らせています。長期間にわたって、ある被雇用者に時間超過が生じた場合には、雇用者は新しいポストを設けねばなりません。さもなければ、労働者の長期雇用と健康維持ができないのです。

　すべてのドイツ人は、法定で20日間の休暇期間を要求することができます。しかし平均では、ドイツ人それぞれはさらに多くの休日、29日間の休暇を年間で取得しています。ほとんどの労働者もその長期休暇を使い切ります。長期休暇をとらない場合、そのためにその具体的な理由書を提出せねばなりません。休暇の間、仕事上の電話やメールに答えることは通常ありません。つまり、その時間は純粋にただ休養のために使われるものなのです。ひょっとしたら、ドイツ人の効果的な労働の理由は、比較的調和のとれたワーク・ライフ・バランスにあるのかもしれません。

gravierend	重大な
Servicewüste	サービス砂漠
Gewerkschaft	労働組合
Arbeitnehmer	労働者
Arbeitgeber	雇用者
eine langfristige Beschäftigung	長期雇用
gewährleisten	保証する

Machen Deutsche Überstunden?

J Machen Deutsche Überstunden? Gibt es Berufe, in denen man wirklich total viel zu tun hat?

D Klar gibt es die. Zum Beispiel in der Werbebranche oder im Journalismus. Da muss man schließlich immer auf dem neusten Stand sein und sich nach den Wünschen des Kunden richten.

J Also ist das Arbeiten auch in Deutschland nicht immer ein Zuckerschlecken?

D Ganz und gar nicht! Laut einer Studie von 2014 machen die Deutschen im EU-Vergleich mit 2,7 Überstunden pro Woche am meisten Überstunden. Besonders in den Sozial- und Erziehungsberufen ist die Bezahlung eher schlecht, die unbezahlte Arbeitszeit aber dafür umso länger.

J Hier hängt das natürlich auch von der Branche ab, aber ich habe das Gefühl, dass es in Japan noch viel mehr Überstunden gibt.

D Mit Japan möchte ich auch gar nicht wetteifern, was das angeht.

J Wieso gibt es denn überhaupt Überstunden in Deutschland?

D Das liegt vielleicht am Kündigungsschutz. Ein Arbeitnehmer in Deutschland hat sehr viele Rechte. Wenn man also einen Mitarbeiter eingestellt hat, kann man ihm nicht mehr so schnell kündigen. Deswegen versuchen viele Arbeitgeber erst mal keine neuen Angestellten einzustellen, auch wenn es viel zu tun gibt.

J Davon habe ich auch schon einiges gehört. Stimmt es, dass man nochmal zusätzlichen Urlaub bekommt, wenn man während des eigenen Urlaubs krank wird?

D Ja, das ist ja dann schließlich keine Erholung, wenn man krank ist. Man braucht aber natürlich ein Attest vom Arzt, um das nachzuweisen.

J Also egal, was du sagst – für mich hört sich Deutschland einfach nur nach einem Arbeitsparadies an.

ドイツ人は残業しますか？

日 ドイツ人は残業するのかな？　忙しい仕事もあるんでしょう？

ド もちろん。広告やマスコミ業界だね。常に最新の情報を必要とするし、顧客のリクエストに左右されるからね。

日 ドイツでも、働くって必ずしも楽なことではないんだね。

ド そうなんですよ。2014年の調査では、ドイツ人はほかのEU諸国に比べて週2.7時間時間多く残業しています。中でも、福祉や教育関連の職種では、給料は安く、不払い労働時間が長いと言われています。

日 職業にもよりますが、日本では残業はもっと多い気がします。

ド 働くことで日本と張り合いたくはないよ。

日 でも、そもそもドイツで残業があるのはなぜなの？

ド それはたぶん解雇からの保護のせいだね。ドイツでは、労働者には多くの権利が認められているよ。労働者を雇用したら、すぐには解雇できないようになっているんだ。だから多くの雇用者は、忙しくても新しい人をすぐには雇わないんだよ。

日 それは聞いたことがあるね。休暇中に病気になった場合、追加で休暇がもらえるって本当かな？

ド ええ、病気になったら休養にはならないからね。もちろん、証明できるように医者の診断書は必要だよ。

日 君が何を言っても、ドイツは労働者天国のように聞こえるんだけど。

31 自動車産業のほかにどんな産業があるの？
Welche Wirtschaftszweige gibt es neben der Automobilindustrie noch?

Die größten Umsätze werden in Deutschland im Bereich des Kraftfahrzeugbaus erzielt. Die berühmten Automarken wie Volkswagen, Daimler (früher: Daimler-Benz) und Co. erzielen regelmäßig nicht nur im Inland, sondern vor allem durch ihre Exporte große Gewinne. Besonders die Volkswagen AG (zu der die Automarken Audi, Bugatti, Lamborghini, MAN, Porsche und Škoda usw. gehören) konnte ihre Umsätze in den Jahren von 2006 bis 2015 fast um das Doppelte steigern. Doch wegen des Abgasskandals und der zu erwartenden Schadensersatzforderungen dürfte dieses Wachstum vorerst gestoppt sein.

An zweiter und dritter Stelle der umsatzstärksten Branchen stehen der Maschinenbau und die chemisch-pharmazeutische Industrie. Der größte deutsche Werkzeugmaschinenbauer ist die Firma Trumpf. Auch die chemisch-pharmazeutische Industrie ist eine Schlüsselindustrie in Deutschland und trägt als Arbeitgeber und Exporteur einen Großteil zu Deutschlands wirtschaftlichem Wohlstand bei. Zu den umsatzstärksten Unternehmen gehören unter anderem Bayer, BASF, Lanxess und Evonik.

Was den Arbeitsmarkt angeht, sind die meisten Menschen in der Gesundheitsbranche tätig. Danach kommt die Touristikbranche – denn die Deutschen verreisen schließlich sehr gerne und sichern damit die Arbeitsplätze in dieser Branche. An dritter Stelle kommt die Logistikbranche, durch die der Erfolg des selbsternannten „Exportweltmeisters" Deutschland erst möglich wurde. Die Automobilbranche findet sich hier nur auf dem siebten Platz, da die Zahl der Beschäftigten aufgrund des zunehmenden Einsatzes von Robotern und Computern rückläufig ist.

Gerade im Bereich der erneuerbaren Energien entstehen im Moment neben den traditionellen Branchenriesen wie E.ON und RWE viele kleine Firmen.

ドイツでは、最大の売り上げを達成しているのは自動車部門です。フォルクスワーゲンやダイムラーのような有名な自動車メーカーは、着実に国内で利益を出すのみならず、とりわけ輸出で収益を上げています。とくに、フォルクスワーゲン社（アウディ、ブガッティ、ランボルギーニ、マン、ポルシェ、シュコダなどが傘下にあります）は、2006年から2015年の間にその売り上げを、ほぼ2倍に上昇させました。しかし、排ガスのスキャンダルとその結果出てくるであろう損害賠償請求によって、この成長の勢いは衰えるかもしれません。

　第2位、第3位の産業部門は、機械製造業と化学・製薬部門です。ドイツ最大の工作機械企業は、トルンプです。化学・製薬部門の工業もまた、ドイツにおける基幹産業のひとつで、雇用創出そして輸出企業としてドイツの経済発展に貢献しています。最大の利益を上げている企業として、バイエル、BASF、ランクセスそしてエボニックがあります。

　労働人口に関しては、医療従事者が最大です。その次に観光業です。というのも、ドイツ人自身が旅行に出かけるのが大好きなので、この業種は安定しているのです。3番目には、流通業の従事者が位置しています。これによって、ドイツは自称「輸出の世界チャンピオン」として成功することができたのです。労働者数に関しては、自動車産業は7位にとどまっています。それは、ロボットやコンピューターに頼ることが増え、労働者数が減少したからです。

　昨今、再生可能エネルギー部門でも、従来の大企業であるエーオンやエル・ヴェー・エー以外にたくさんの小企業が設立されています。

Abgasskandal	排気ガススキャンダル
Schadensersatzforderung	損害賠償請求
Schlüsselindustrie	基幹産業
umsatzstark	売上高の高い
Exportweltmeister	輸出の世界チャンピオン

Wie kann ich in einem deutschen Unternehmen arbeiten?

J Wie kann ich in einem deutschen Unternehmen arbeiten?

D Was würdest du denn gern machen?

J Hmm, das weiß ich nicht so genau. Aber ich habe an der Uni Deutsch gelernt, das würde ich gerne anwenden.

D Leider reicht das meistens nicht. Die in Japan ansässigen Unternehmen verstehen sich eher als „Global Player", also als internationale Unternehmen. Deswegen ist die Bürosprache auch Englisch und nicht Deutsch. Es ist also von Vorteil, wenn man Deutsch kann, aber Englisch ist mindestens genauso wichtig, wenn nicht sogar wichtiger. Bei vielen deutschen Unternehmen weiß man inzwischen gar nicht, dass sie ursprünglich in Deutschland gegründet wurden. Oder wusstest du, dass Adidas und Puma deutsche Firmen sind? Sogar ziemlich viele Deutsche glauben, dass diese Marken eigentlich aus den USA kommen.

J Nee, das wusste ich wirklich nicht.

D Und man sieht ja auch fast jeden Tag irgendwo ein DHL-Auto rumfahren, oder? Die sind ebenfalls deutsch. Und guck mal auf deinen Stift – ist der nicht von Staedtler? Ich glaub, so einen hatte fast jeder schon mal in der Hand.

J Wow, ich hatte ja keine Ahnung, dass wir im täglichen Leben von so viel „Deutschland" umgeben sind! Ich dachte bei deutschen Unternehmen eher nur an Lufthansa oder Siemens.

D Klar, aber es gibt noch viel mehr. Bestimmt kennst du Nivea-Creme, oder? Die Creme aus der blauen Dose gibt es schon seit über 100 Jahren in Deutschland und sie ist so bekannt wie kaum eine andere Creme. Außerdem wären da noch Wasserfilter von BRITA oder Kaffeefilter von Melitta. Und von den modebewussten Herren kennen sicher viele BOSS, oder? Das ist auch eine deutsche Marke. Und die Steiff-Teddybären!

どうしたらドイツ企業で働けるの？

日 どうしたらドイツ企業で働けるの？

ド 何がしたいの？

日 うーん、よくわからないや。ドイツ語を大学で勉強したから、使ってみたいんだけど。

ド 残念だけどもそれだけだと難しいね。日本にある企業は「グローバル企業」、言ってみれば国際企業だよ。だから社内公用語はドイツ語ではなく英語なんだ。ドイツ語ができるに越したことはないけれど、英語も同じくらい、むしろより大事。最近では、多くのドイツ企業で、それがもともとはドイツ創立だって知られていないことがあるよ。アディダスとプーマもドイツ企業って知ってた？　ドイツ人の多くも、アメリカの会社だと思っているんだから！

日 えー、知らなかった。

ド それに、毎日どこかで見かける DHL の車、あの会社もドイツだよ。君のペン、ステッドラーのじゃない？　みんな 1 度くらいは手にしたことがあるんじゃないかな。

日 知らなかったなぁ、毎日たくさんの「ドイツ」に囲まれていたなんて！ドイツ企業というと、ルフトハンザとかシーメンスのことだと思っていたよ。

ド それもそうだけど、もっとたくさんあるよ。ニベアクリームは知っているでしょう？　あの青い缶のクリームはもう 100 年以上前からドイツにあって、ほかにこれほど有名なクリームはないくらい。それから、水濾過のブリタやコーヒーフィルターのメリタもあるね。おしゃれ好きな男性ならきっとヒューゴ・ボスを知っているでしょう。これもドイツのブランドだよ。それからシュタイフのテディベアも！

32　原発なしで本当にうまくやっていけるのですか？
Klappt das wirklich ohne Atomenergie?

Seitdem die Bundesregierung 2011 den Ausstieg aus der Atomenergie beschlossen hat, schauen viele Länder der Welt gespannt darauf, welche wirtschaftlichen und umwelttechnischen Veränderungen diese Entscheidung für Deutschland mit sich bringen wird.

Zu Beginn lief natürlich nicht alles reibungslos. Zwar ging der Ausbau von Windkraftanlagen dank der Investitionen der Bundesregierung schnell voran, doch der Strom konnte nicht von Norden nach Süden transportiert werden, da das Stromnetz nicht ausreichend ausgebaut war. Natürlich kostet die Energiewende viel Geld und lässt sich nicht ohne private Investoren realisieren. Die Bevölkerung muss also hinter dem Großprojekt stehen. Und das tun auch heute noch die meisten Deutschen: Ungefähr drei Viertel der Bevölkerung hält die Entscheidung zur Energiewende für richtig. Doch diese generelle Zustimmung bedeutet nicht, dass man unbedingt ein Windrad in seiner Nähe haben möchte, es gibt auch Widerstand in der Bevölkerung.

Es gab in Deutschland bereits vor dem Reaktorunfall von Fukushima eine Bewegung gegen die Kernenergie, auch aufgrund der Katastrophe von Tschernobyl, von der 1986 auch Deutschland betroffen war. Bereits 2002 wurde der Atomausstieg von der rot-grünen Regierung schon einmal beschlossen, jedoch 2010 von der schwarz-gelben Koalition zunächst trotz Widerständen in der Bevölkerung wieder rückgängig gemacht.

Im Moment steigt der Anteil des Ökostroms am Strommix stetig an, so dass die Ziele der Bundesregierung aller Wahrscheinlichkeit nach rechtzeitig erreicht werden können. 2015 lag der Anteil der erneuerbaren Energien bereits bei 30%, wobei Windkraft mit insgesamt 13,5% am Gesamtanteil am stärksten wächst. Momentan ist die Lage so, dass Deutschland in der Gesamtbilanz mehr Strom ins Ausland verkauft, als es Strom einkaufen muss.

2011年に連邦政府が脱原発を決定して以来、世界中の多くの国が、ドイツにこの決定がどのような経済的・環境的な変化をもたらすのかを注目しています。

　もちろん当初は、すべてがうまくいったわけではありませんでした。連邦政府の投資（資金投下、予算配分）のおかげで風力発電機の設置は迅速に進められましたが、送電網が十分ではなかったので、その電気を北から南へ届けることができませんでした。そしてもちろん、エネルギー転換には多額の資金が必要であり、民間投資なしには実現しません。つまり、ドイツの住民の支持なしには、この巨大プロジェクトは成り立たないのです。そして、今日においてもなお、多くのドイツ人は脱原発を支持しており、約4分の3の住民はこのエネルギー転換の決定を正しいと思っています。しかし、このような賛成意見は、自分の家の近くに風車を設置してもよいと考えることを意味しませんし、住民の中で反対意見もあります。

　ドイツでは、福島の原発事故以前にすでに反原発運動は起きていました。それは、1986年にドイツにも影響が及んだチェルノブイリ事故もまた運動の原因でした。2002年にはすでに赤緑政権によって脱原発が決議されていますが、2010年の黒黄連立政権では住民の反対がいくつもあったにもかかわらず、脱原発が取りやめとなりました。

　現在、全体の電力に占めるエコ電気の割合は上昇しているので、おそらく連邦政府目標は予定通りに達成されることでしょう。2015年で、すでに再生可能エネルギーの割合は30%となり、風力発電は全体の13.5%であり、最も利用率が上がっています。現況では、ドイツは全体的に見れば電気を購入するよりも、他国に売る電気が多くなっているのです。

Energiewende	エネルギー革命
Reaktorunfall	原発事故
rot-grüne Regierung	赤緑政権
schwarz-gelbe Koalition	黒黄連立政権
Ökostrom	エコ電気
Strommix	全体の電力
erneuerbare Energien	再生可能エネルギー

Waren die Auswirkungen des Atomunfalls in Tschernobyl wirklich so schlimm in Deutschland?

J Waren die Auswirkungen des Atomunfalls in Tschernobyl wirklich so schlimm in Deutschland?

D Das größte Problem war, dass viele Informationen damals von der sowjetischen Regierung geheim gehalten wurden. Man wusste nicht, welche Lebensmittel man essen kann und ob man überhaupt rausgehen darf. Diese Vertuschungspolitik hat erst recht Panik verursacht.

J Aber jetzt gibt es doch keine negativen Auswirkungen mehr, oder?

D Doch! Im Süden Deutschlands, wo der Schwarze Regen fiel, sollte man auch heutzutage keine Pilze sammeln und im Fleisch von Wildschweinen werden ebenfalls oft überhöhte radioaktive Werte festgestellt.

J Das wusste ich gar nicht. Deswegen gibt es bis heute immer noch viele Anti-Atomkraftdemos.

D Ja, besonders bei Transporten von Atommüll kommt es regelmäßig zu Behinderungen durch Demonstranten, die sich an die Schienen ketten oder sogar versuchen, diese kaputt zu machen, um eine Weiterfahrt des Zuges zu verhindern. Bei solchen Transporten sind regelmäßig mehrere Tausend Polizisten im Einsatz.

J Wow, so große Demos gibt es in Japan selten. Aber die Anti-Atomkraftbewegung in Deutschland hat ihre Ziele ja bald erreicht, wenn die Abkehr von der Atomkraft in ein paar Jahren vollständig realisiert wird.

D Das schon, aber bis dahin muss man sich auch Gedanken machen über die neu entstandenen Probleme. Zum Beispiel den gestiegenen CO_2-Ausstoß in den Kohlekraftwerken. Dieser trägt zur Erderwärmung bei und ist damit ebenfalls umweltschädlich.

チェルノブイリ原発事故の影響はいまだにあるの？

日 チェルノブイリ原発事故の影響はドイツでも大きかったのですか？

ド 一番の問題は、多くの情報がソビエト政府によって隠匿されていたことです。どの食品が食べられるのか、そもそも外出して大丈夫なのかどうかもわかりませんでした。この情報操作のせいでますますパニックになりました。

日 もうその影響は終息したのでは？

ド いいえ！　黒い雨が降った南ドイツでは、今でもきのこが収穫できなくなったり、イノシシの肉から高い放射能が検出されたりしています。

日 知りませんでした。だから、反原発デモ今でも盛んなのですね。

ド そうですね。とりわけ核廃棄物の輸送の際は、列車通過を阻止しようとデモ参加者が線路と手を鎖でつないだり、場合によっては線路を壊そうとしたりする者さえいます。こうした輸送の際は何千人もの警官が動員されます。

日 わぁ、そんな大規模なデモは日本ではめったにないですよ。でも、ドイツの反原発運動は、数年後に脱原発が実現されれば、まもなくその目的を達成することになりますね。

ド そうかもしれないけど、新たに生じた問題のことも考えないといけません。たとえば火力発電による CO_2 の増加です。地球温暖化を引き起こすから、これもまた環境にやさしくはありません。

33 アウトバーンを運転するのは危なくないですか？
Ist es nicht gefährlich, auf deutschen Autobahnen zu fahren?

Die Gesamtlänge aller Autobahnen in Deutschland umfasst insgesamt 12.949 Kilometer und die Nutzung ist im Gegensatz zum japanischen Fernstraßensystem kostenlos. Autofahren bringt natürlich immer ein gewisses Risiko mit sich. Doch die Unfallrate mit Todesfolge sinkt seit vielen Jahren stetig. Außerdem gibt es statistisch gesehen dreimal so viele Unfälle auf anderen Straßen als auf Autobahnen.

Oft hört man das Missverständnis, dass es kein Tempolimit auf deutschen Autobahnen gibt. Doch das ist nur auf ungefähr zwei Dritteln der Strecken so – überall sonst gibt es Begrenzungen. Zudem gilt auf den nicht beschränkten Strecken eine empfohlene Richtgeschwindigkeit von 130 km/h, die überschritten werden darf, an die man sich jedoch halten sollte.

Meist ist der nicht optimale Zustand der Straße der Grund für das Tempolimit. Da die Straßen viel befahren werden, nutzen sie sich stark ab und müssen im Durchschnitt alle 15 Jahre ausgebessert werden.

Übrigens dürfen Autobahnen nur von Kraftfahrzeugen befahren werden, die eine Höchstgeschwindigkeit von 60 km/h erreichen können. Ein Traktor darf also nicht auf die Fahrbahn.

Weiterhin ist der Irrglaube weit verbreitet, dass Hitler die Autobahnen erfunden hätte. Doch die erste Autobahn wurde bereits im August 1932 zwischen Köln und Bonn eröffnet. Während der Zeit des Nationalsozialismus förderte Hitler jedoch als Arbeitsbeschaffungsmaßnahme und als Kriegsvorbereitung den Ausbau der Autobahnen.

ドイツのアウトバーンの総距離は、合計で12,949キロに上り、通行は日本の高速道路と違って無料です。もちろん、ドライブは、それ自体で常に一定のリスクを伴うものです。しかし、ここ数年で死亡事故率は一定水準で下がり続けています。統計的に見ても、アウトバーン以外の道路での事故件数は、アウトバーンでの3倍となっています。

　しばしば、ドイツのアウトバーンには速度制限がないという誤解を耳にします。けれども実際には、道路の3分の2は速度制限がないですが、そのほかのすべてには制限があるのです。そのうえ、制限なしの区間にも、時速130キロという、オーバーしてもよいが守るべきとされる推奨標準速度が設けられています。

　たいていの場合、路面状態がそれほどよくないことが、速度制限の理由です。交通量が多いので道路がひどく傷み、平均して15年ごとに道路を修繕する必要があります。

　実は、アウトバーンは60キロ以上の速度が出せる車両のみが走行できます。つまり、トラクターは走行禁止です。

　さらに、ある誤解が広く流布しています。それは、ヒトラーがアウトバーンを発明したという誤解です。実は最初のアウトバーンは1932年8月にケルン・ボン間で開通していました。しかしナチス時代に、ヒトラーは雇用創出政策および戦争の準備としてアウトバーンを拡張したのです。

mit sich ... bringen	〜を伴う
Tempolimit	速度制限
empfohlene Richtgeschwindigkeit	推奨標準速度
optimal	最善の
Irrglaube	誤解

Gibt es auf deutschen Autobahnen Verkehrsstau?

J Gibt es auf deutschen Autobahnen mehr oder weniger Verkehrsstau als auf japanischen Schnellstraßen?

D Das lässt sich schwer vergleichen, aber generell gibt es natürlich auch in Deutschland viel Stau. Nur ungefähr ein Viertel der Staus entsteht wegen Unfällen. Meistens staut es sich einfach wegen zu hohem Verkehrsaufkommen. Man versucht dem vorzubeugen, indem man zum Beispiel die Sommerferien der einzelnen Bundesländer versetzt beginnen lässt, so dass nicht alle auf einmal losfahren. Denn die meisten Staus gibt es in den Bundesländern mit den meisten Einwohnern wie Nordrhein-Westfalen, Bayern und Baden-Württemberg. Außerdem gibt es immer viele Baustellen, an denen man langsamer fahren muss.

J Die deutschen Autobahnen in Stand zu halten kostet sicherlich eine ganze Menge. Kam denn nie die Idee auf, für die Nutzung doch Geld zu nehmen?

D Doch, zumindest teilweise sind Autobahnen tatsächlich bereits kostenpflichtig. Wenn man einen Lkw fährt, der über 7,5 Tonnen wiegt, muss man Maut bezahlen.

J Aber mit einem Pkw fahre ich immer kostenlos?

D Bisher schon, allerdings ist bereits eine Pkw-Maut beschlossen worden. Da im Gesetz jedoch zwischen In- und Ausländern unterschieden wird, gab es eine Verwarnung aus Brüssel wegen Diskriminierung. Der genaue Termin der Einführung liegt also im Moment noch auf Eis.

J Und wie steht es um den Umweltschutz?

D Leider sterben jedes Jahr viele Tiere beim Versuch, die Autobahn zu überqueren. Man sieht daher immer viele tote Igel und Frösche am Straßenrand. Man versucht dieses Problem unter anderem dadurch zu beheben, dass man unterirdische Tunnel baut.

アウトバーンに渋滞はありますか？

日 ドイツのアウトバーンは、日本の高速道路よりも渋滞は多いですか、少ないですか？

ド 単純に比較するのは難しいのですが、もちろんドイツにも渋滞はたくさんあります。事故を原因とする渋滞は全体の4分の1程度です。たいていは交通量の多さが原因なんです。その予防として、たとえば夏休みの開始時期を州ごとにずらして、一斉に移動することがないようにしています。というのも、多くの渋滞は住民の多いノルトライン・ヴェストファーレン、バイエルン、バーデン・ヴュルテンベルクの3州で起きているからです。そのうえ、いつも多くの工事現場があって、のろのろ運転しかできません。

日 アウトバーンを維持するのはたいへんでしょうね。有料化するという案は今までなかったのですか？

ド 実はすでに、アウトバーンには料金が課されてもいるのです。たとえば、7.5トン以上のトラックは、通行料を払わねばなりません。

日 でも自動車は無料ですか？

ド 今のところは。ただし、自家用車の通行料もすでに可決されているんです。でも、この法律では自国民と外国人とで違うので、ブリュッセル（EU本部）から差別的だと警告されています。いつ導入されるかは今のところ棚上げされたままです。

日 環境保護の観点からはどうですか？

ド 残念ながら、毎年多くの動物がアウトバーンを横断しようとして死んでいます。多くのハリネズミやカエルが道ばたで轢（ひ）かれているのをよく見ます。たとえば、道路の下にトンネルを掘ることでこうした問題をなくそうとしています。

34 ドイツ人は教会に行きますか？
Gehen Deutsche in die Kirche?

Ungefähr 60% der Deutschen geben bei der Frage nach ihrer Konfession an, zum Christentum zu gehören. Es bekennen sich ungefähr 30% zum katholischen und 28% zum evangelischen Glauben. Außerdem gibt es noch viele andere kleinere christliche Glaubensgemeinschaften und Sekten. Aus historischen Gründen leben im Süden Deutschlands mehr Katholiken und im Norden mehr Protestanten.

In der DDR gab es eine aktive Politik zur Entchristlichung der Bevölkerung seitens der Regierung, da sich Religion und sozialistische Staatslehre nicht miteinander vereinbaren ließen. Als Christ hatte man mit vielen Repressionen und Missbilligungen zu kämpfen. Aus diesem Grund ist die Anzahl der Christen in den neuen Bundesländern heutzutage auch eher gering.

Auch wenn insgesamt viele Deutsche auf dem Papier christlich sind, ist die Zahl derer, die regelmäßig zum Gottesdienst gehen, sehr gering. Schätzungen zufolge gehen nur ca. sechs Prozent der Christen regelmäßig am Sonntag in die Kirche. Ein Gottesdienst beginnt meistens um 10 Uhr morgens und dauert 1-2 Stunden. Die meisten Menschen gehen eigentlich nur zu Weihnachten und manchmal auch zu Ostern in die Kirche. Beim Gottesdienst am Heiligen Abend wird in fast allen Gemeinden ein Krippenspiel aufgeführt, bei dem Kinder die Geburt von Jesus Christus nachspielen. An diesem Tag sind plötzlich ein Drittel der Deutschen in der Kirche anzutreffen. Scherzhaft werden sie auch als U-Boot-Christen bezeichnet – weil sie nur an Weihnachten auftauchen.

Insgesamt steigt die Zahl der Kirchenaustritte in den letzten Jahren. Ein Grund dafür ist unter anderem die Kirchensteuer, welche je nach Bundesland 8-9 Prozent der Lohnsteuer beträgt. Diese zusätzliche Ausgabe möchte man natürlich vermeiden, wenn man sich nicht mehr mit den christlichen Werten identifizieren kann.

信仰に関する質問に対して、ドイツ人の約60%がキリスト教だと答えています。つまり、全ドイツ人の約30%がカトリックで、28%がプロテスタントだと表明しています。そのほか、多くの小さなキリスト教の信仰会派やセクトがあります。歴史的な理由から、ドイツ南部はカトリックが多く、北部はプロテスタントが多いです。

　ドイツ民主共和国（東ドイツ）では、政府が積極的に国民の脱キリスト教化を推し進めました。なぜなら、宗教と社会主義的な国家論とは互いに相容れなかったからです。キリスト教徒は、多くの抑圧や冷たい眼差しに耐えねばなりませんでした。このような理由から、新連邦州（旧東ドイツ地域）では、今日もなおキリスト教徒の数はどちらかといえば少ないのです。

　多くのドイツ人が書類上はキリスト教徒だとしても、定期的にミサ（礼拝）に通う人の数はわずかです。大まかな見積もりによると、定期的に日曜日に教会に行くキリスト教徒はおよそ6%にすぎません。ミサはたいてい朝10時に始まり、1〜2時間続きます。多くの人々は、実際にはクリスマスやイースターのときぐらいしか教会に行きません。クリスマス・イブのミサでは、ほとんどの教会でキリスト降誕劇を上演し、そこで子どもたちがイエス・キリストの誕生を演じます。この日になると急に、ドイツ人の3分の1もの人が教会に出てきます。からかい混じりに、彼らを「Uボート・キリスト教徒」と表現したりもします。その理由は、クリスマスにだけ姿を現すからです。

　ここ数年で教会の離籍者の数は増加しています。その理由のひとつには、教会税があります。これは、州ごとに所得税の8〜9%を支払うというものです。もはや自分がキリスト教的な価値に合わないと思う場合は、当然ながらこのような追加の支出を避けたいと思うわけです。

Konfession	信仰
sich zu ... bekennen	〜の支持を表明する
Entchristlichung	脱キリスト教化
Repression	抑圧
zufolge	〜によれば
Krippenspiel	キリスト降誕劇
Kirchenaustritt	教会からの離籍

Gibt es religiöse Konflikte in Deutschland?

J Welche anderen Religionen gibt es so in Deutschland?

D Neben dem Christentum ist natürlich der Islam sehr stark vertreten. Es gibt viele Diskussionen darüber, ob der Islam ein Teil von Deutschland sei. Aber ich denke, dass man darüber diskutieren kann, so viel man will – der Islam IST durch die vielen Gläubigen bereits ein Teil Deutschlands. Jetzt muss man sich überlegen, wie man damit umgeht.

J Aber gibt es denn keine Konflikte?

D Doch, natürlich! Es gibt jedes Mal viele Proteste, wenn in der Nähe eine Moschee gebaut wird. Viele Deutsche assoziieren den Islam mit Terrorismus und Islamismus und fürchten sich vor Terrorzellen. Außerdem widerspricht das Frauenbild im Islam den modernen europäischen Werten.

J Und wie werden solche Probleme gelöst?

D Hauptsächlich versucht man es mit interreligiösen Dialogen. Zum Beispiel gibt es in Berlin gerade ein Projekt, bei dem ein christliches, jüdisches und islamisches Gotteshaus unter einem Dach untergebracht werden sollen.

J Und gibt es auch Probleme zwischen Protestanten und Katholiken?

D Die gehören inzwischen der Vergangenheit an. Man trifft sich bei ökumenischen Gottesdiensten und sieht sich nicht mehr als Konkurrenz an. Allerdings existieren extreme christliche Sekten, wie z.B. die „Zwölf Stämme", deren Prinzipien der Kindererziehung gegen die Verfassung der Bundesrepublik verstoßen. In diesem Fall wird mit rechtlichen Schritten gegen diese Gruppierungen vorgegangen.

宗教的対立はないのですか？

日 ドイツには、ほかにどんな宗教がありますか？

ド キリスト教のほかには、もちろんイスラム教がとても多いですね。イスラム教はドイツの一部なのかどうか、そのような議論がたくさんあります。いくらでも議論するのはかまわないと思いますが、その信徒が多数にのぼるわけですから、イスラム教はもはやドイツの一部だというのが実情です。考えるべきは、その実情とどのように向き合うか、です。

日 対立はないのですか？

ド もちろんあります。近所にモスクが建てられることになれば毎回抗議活動が起こります。多くのドイツ人はイスラムをテロやイスラム原理主義を連想し、テロの巣窟だと恐れています。とりわけ、イスラムの女性像は、現代のヨーロッパの価値観とは相容れません。

日 どうすれば、そのような問題を解決できるのでしょうか？

ド 主に、宗教間の対話によって解決しようとしています。ベルリンには、キリスト教会、ユダヤ教のシナゴーグ、そしてイスラム教のモスクを1つの建物に統合しようというプロジェクトがあります。

日 プロテスタントとカトリックの間にも問題はありますか？

ド それはもう過去の出来事です。全キリスト教のミサもあり、もはや互いを競合相手だとは見なしていません。もっとも、子どもの教育方法が法に抵触する「12部族」のような原理主義的なセクトもあります。このような場合は、この集団に対しては法的な措置がとられています。

35 ドイツの女性はそんなに強いのですか？
Sind deutsche Frauen wirklich so stark?

Fast jedes Jahr seit ihrem Amtsantritt wurde Angela Merkel bisher vom „Forbes Magazine" zur mächtigsten Frau der Welt gekürt. Bis zur Bundestagswahl 2005 gab es in Deutschland nur männliche Staatsoberhäupter, so dass noch im selben Jahr der Begriff „Bundeskanzlerin" in Deutschland zum Wort des Jahres gewählt wurde (denn vorher gab es nur „Bundeskanzler").

Frau Merkel kommt aus der ehemaligen DDR. In dem ehemals sozialistischen Land gab es fast keine Hausfrauen und es war etwas alltägliches, dass Frauen nur kurze Zeit nach der Geburt eines Kindes wieder zu ihrem ehemaligen Arbeitsplatz zurückkehrten. In Westdeutschland gab es zwar mehr Vollzeithausfrauen, doch in den letzten Jahren ist der Anteil der arbeitenden Frauen auch in den alten Bundesländern deutlich gestiegen. Für viele deutsche Frauen ist ihre Arbeit ein wichtiger Faktor für ihre Unabhängigkeit.

Deutschland schaffte es beim Global Gender Gap Report im Jahr 2015 auf Platz 11 (Japan: Platz 101). Zwar haben die Gehaltsunterschiede zwischen den Geschlechtern in den letzten Jahren abgenommen, doch in Führungspositionen sind Frauen immer noch merklich unterrepräsentiert.

In den letzten Jahrzehnten wird in Deutschland eine hitzige Feminismusdebatte geführt. Die wohl bekannteste Vertreterin der deutschen Frauenbewegung ist Alice Schwarzer, die sich seit den 70er Jahren für die Rechte der Frauen stark macht. Viele Menschen denken bei dem Wort „Feminismus" an aggressive Amazonen, die Männer hassen. Dabei geht es bei dieser Debatte nur um Gleichstellung und Auflösung festgefahrener Denkweisen.

アンゲラ・メルケル首相就任の後、ほぼ毎年、彼女は『フォーブス』誌で世界で最も影響力のある女性に輝いています。2005年の連邦議会選挙まで、ドイツでは国家元首は男性しかいませんでした。ですので、同年には「（連邦首相の女性形名詞である）ブンデスカンツラリン」が「今年の言葉」に選ばれました（それまではただ「ブンデスカンツラー」という男性形しかありませんでした）。

　メルケル氏は、旧東ドイツ出身です。この社会主義国では、主婦はほぼ存在しておらず、女性は出産後すぐさま以前の職場に復帰することが通例でした。西ドイツでは確かに多くの専業主婦がいました。しかし、ここ最近では、旧西ドイツ地域でも明らかに働く女性の割合が増加しています。多くのドイツ女性にとって、仕事は自立のための重要な要素のひとつなのです。

　ドイツは世界男女格差レポートでは、2015年に平等指数で世界11位を達成しました（日本は101位）。ここ数年で、確かに男女間の給与差は解消されましたが、指導的地位に関しては、女性がいまだに明らかに平均を下回っています。

　過去何十年もの間、ドイツでは激しいフェミニズム論争が起きています。ドイツの女性運動でおそらく最も知られている代表的な女性は、アリス・シュヴァルツァーでしょう。彼女は、1970年代から女性の権利を強く求めています。多くの人は、「フェミニズム」という言葉を聞くと男性嫌いで攻撃的なアマゾネスを思い描きます。しかし実際は、この論争は、純粋に男女平等と固定観念からの解放を目指したものです。

Amtsantritt	就任
küren	選出する
Anteil	割合
unterrepräsentiert	過度に少ない
Auflösung	解散
festgefahren	行き詰まった、固定化した

> **Was genau werden denn für Maßnahmen in Deutschland getroffen für die Gleichberechtigung von Mann und Frau?**

J Was genau werden denn für Maßnahmen in Deutschland getroffen für die Gleichberechtigung von Mann und Frau?

D Da gibt es natürlich eine ganze Menge. 2015 wurde sehr viel über die sogenannte „Frauenquote" diskutiert.

J Frauenquote? Also eine festgelegte Anzahl von Frauen?

D Genau. Das Ganze heißt „Gesetz für die gleichberechtigte Teilhabe von Frauen und Männern an Führungspositionen" und legt fest, dass in 108 großen börsennotierten Unternehmen mindestens 30 Prozent bei Neubesetzungen des Aufsichtsrats Frauen sein müssen.

J Das hört sich doch gar nicht schlecht an!

D In der Theorie schon. Aber bisher erfüllen nur wenige Unternehmen diese Vorgaben. Es gibt auch keine wirklichen Sanktionen, wenn man sich nicht daran hält.

J Na, dann macht das ja wenig Sinn.

D Ja, leider. Außerdem ist es doch schade, wenn man als Frau weiß, dass man nur in den Aufsichtsrat gewählt wurde, weil man eine Frau ist und nicht wegen der eigenen Leistungen.

J Aber auf der anderen Seite ist es doch genauso blöd, wenn man nur gewählt wird, weil man ein Mann ist. Das passiert leider öfters bei der Jobsuche hier in Japan. Weil einige Personalchefs denken, dass Frauen sowieso irgendwann Kinder kriegen und aufhören, nehmen sie lieber einen Mann.

D Das ist in Deutschland aber oft genauso. Auch wenn das keiner öffentlich zugibt. Tja, also bis im Berufsleben eine echte Gleichberechtigung entsteht, brauchen wir wohl so was wie gesetzlich vorgeschriebene Frauenquoten.

男女同権のためにどんな政策がとられていますか？

日 男女同権のためにどんな政策がとられていますか？

ド たくさんあります。2015年は、いわゆる「女性の比率（女性クオータ制）」について、ずいぶん議論がありました。

日 女性の比率？　女性の数を決めるのですか？

ド そうです。その法律は「指導的ポストにおける男女均等な参加のための法律」といい、大手上場企業108社では、新たに任命される監査役会の少なくとも30％は女性でなければならないと定めています。

日 それは素晴らしいですね！

ド 理屈の上では、そうですね。でも、ごくわずかの企業しかこの基準を満たせていません。違反しても、罰則も実際には課されないのです。

日 それじゃあ、あんまり意味ないじゃないですか。

ド 残念ながらそうなんです。それに、能力ではなく、女性だからという理由で役員に選ばれたと知ったらいやですよね。

日 でも、男性だからという理由だけで選ばれるのだっておかしいじゃないですか。日本だったら就職活動のときによくあるんです。人事担当者が、女性はいつか子どもを生んで会社を辞めると考えて、男性のほうを採用するなんてことが。

ド ドイツでも似たようなものです。表立っては誰も言わないけれども。仕事の上で男女平等が実現するまで、法的に定めれられた女性クオータ制が必要なのかもしれないですね。

36 第二次世界大戦についてどのように習いますか？
Wie wird Schülern in Deutschland der Zweite Weltkrieg vermittelt?

Das Ziel des Geschichtsunterrichts in Deutschland ist zum einen die Wissensvermittlung, zum anderen aber auch die Förderung von eigenständigem und kritischem historischen Denken. Mit dem im Unterricht Erlernten sollen die Schüler auch nach ihrem Abschluss in der Lage sein, sich mit gesellschaftlichen Themen auseinanderzusetzen und an Diskussionen über Geschichte teilzunehmen.

In Deutschland ist jedes Bundesland einzeln für die Bildung verantwortlich, daher sieht das Curriculum überall anders aus. Ein zentrales Thema des Geschichtsunterrichts in allen Bundesländern ist jedoch besonders der Zweite Weltkrieg. Die Schüler sollen verstehen, was die Ursachen waren für diesen von Deutschland unter Adolf Hitler verursachten und auch als „größte humanitäre Katastrophe des 20. Jahrhunderts" bezeichneten Krieg. Dafür besuchen die Schüler zum Beispiel in Tagesausflügen ehemalige Konzentrationslager, analysieren Redemittel in den Hetzreden von Propagandaminister Joseph Goebbels und sprechen mit Überlebenden des Holocausts.

Nicht nur im Geschichtsunterricht, sondern auch im Deutsch-, Kunst- und Musikunterricht ist das Thema allgegenwärtig. Für die Deutschen ist es sehr wichtig, dass die Schüler ein umfangreiches Wissen um die Kriegsschuld Deutschlands erwerben, damit sich eine solche Katastrophe nie mehr wiederholt.

ドイツの歴史教育の目標は、第一に知識の伝達であり、次に自分自身で批判的に考えるという歴史的思考力を培うことです。授業で身につけたことを用いて、卒業後には社会的なテーマに取り組み、歴史についての議論に参加できるようになっていることが、生徒たちには求められます。

　ドイツでは、各州が教育に責任を持つので、教育カリキュラムもそれぞれ異なります。しかしどの州でも、第二次世界大戦は歴史教育の中心テーマのひとつです。小・中・高の生徒は、アドルフ・ヒトラー政権下のドイツによって引き起こされ、「20世紀最大の人類の破局」となった戦争の原因が何であったのかを学ばねばなりません。たとえば、そのために生徒たちは、強制収容所跡を訪問したり、宣伝大臣ヨーゼフ・ゲッベルスの扇動的な演説に見られる語りの手法を分析したり、そしてホロコースト生存者と話したりします。

　このテーマは、歴史だけではなく、ドイツ語、美術、そして音楽の授業でも取り扱われます。二度とあのような惨劇を繰り返さないためにも、学校で戦争責任についての幅広い知識を身につけることは、ドイツ人にとってきわめて重要なのです。

eigenständig	自主的な
in der Lage sein	（zu不定詞句を伴い）〜することができる
Tagesausflug	遠足
Hetzrede	扇動的な演説
allgegenwärtig	常にいたるところにある
umfangreich	幅広い

> **Wie alt sind die Schüler ungefähr, wenn sie zum ersten Mal mit dem Thema „Zweiter Weltkrieg" in Berührung kommen?**

J Wie alt sind die deutschen Schüler ungefähr, wenn sie zum ersten Mal mit dem Thema „Zweiter Weltkrieg" in Berührung kommen?

D Das unterscheidet sich natürlich von Bundesland zu Bundesland, aber ich denke, so ungefähr in der fünften Klasse. Da lesen viele Schüler das „Tagebuch der Anne Frank".

J Wow, das ist ja ganz schön früh. Und wann besucht man ein Konzentrationslager?

D Das kommt erst später. Ich würde sagen, vielleicht ungefähr in der achten oder neunten Klasse, nachdem das Thema tatsächlich im Geschichtsunterricht behandelt wurde.

J Für die Lehrer ist das sicher auch ziemlich schwer zu vermittelnder Lehrstoff.

D Natürlich. Aber sie wurden ja entsprechend ausgebildet. Wenn man in Deutschland Lehrer werden möchte, muss man sich seine Fächer auswählen und diese auf Lehramt an der Uni studieren. Es reicht also nicht, wenn man einfach „Geschichte" studiert, sondern man muss auch lernen, wie man dieses Wissen vermittelt.

J Und dafür gibt es spezielle Bücher?

D Genau. In den meisten Bundesländern benötigt ein Schulbuch in der Regel eine Zulassung durch das Kultusministerium oder einer bestimmten Behörde dieses Bundeslandes. Aus den zugelassenen Lehrbüchern kann eine Schule bzw. ein Lehrer dann auswählen, mit welchem Schulbuch er unterrichten möchte. Aber meistens arbeitet man nicht wie in Japan üblich das Buch strikt von vorn bis hinten durch. Es ist eher eines von vielen Begleitmaterialien des sehr interaktiv gestalteten Unterrichts. Es werden Videos geguckt, Zeitzeugen eingeladen und man diskutiert viel. Außerdem gibt es Gruppenarbeiten und Vorträge von den Schülern.

第二次世界大戦について何歳から習うのですか？

日 第二次世界大戦について、何歳くらいから習うのでしょうか？

ド 州によって違いますが、だいたい5年生くらいでしょう。多くの生徒が『アンネの日記』を読むようになります。

日 かなり早いですね。強制収容所を見学するのは？

ド これはもっとあとです。8、9年生くらいでしょうか。歴史の授業でそのテーマについて学習したあとです。

日 先生にとっては、なかなか教えにくい教育テーマですよね。

ド そうですね。ただし、教師になる場合も、そのことを教育するための養成コースを受けています。ドイツで教師になりたければ、科目を選んで、大学の教員養成課程で学ばなければなりません。歴史を勉強するだけでは足りず、その知識の伝え方も、学ばなければならないのです。

日 そのための特別な教科書があるんですか？

ド そのとおりです。多くの連邦州では、ふつうは州の文化省あるいは担当部局によって教科書が認可されています。認可された教科書の中から、学校または教師がどの教科書を使いたいかを選びます。しかし、日本のように最初から最後までしっかりと教えきる必要はありません。インタラクティブに授業するための副教材にすぎません。授業では、映像を見たり、体験者を招いたりして、たくさんの議論を重ねます。さらに、グループワークや生徒報告を行うのです。

37 LGBT の権利とはどのようなものですか？
Wie steht es um die Rechte der LGBT?

LGBT ist die Abkürzung für lesbisch, schwul (englisch: gay), bisexual und transgender.

Seit 2001 können homosexuelle Paare eine Lebenspartnerschaft eintragen lassen. Diese ist jedoch nicht mit den gleichen Rechten verbunden wie eine heterosexuelle Ehe, z.B. können keine Kinder adoptiert werden. Lesben und Schwulen ist es jedoch nach einem Urteil des Bundesverfassungsgerichts im Jahr 2013 möglich, das Kind ihres Partners zu adoptieren.

Zu den bekanntesten homosexuellen Politikern gehören der ehemalige Außenminister Guido Westerwelle (FDP) und der ehemalige Bürgermeister von Berlin Klaus Wowereit (SPD). Letzterer wurde durch ein öffentliches Coming-out vor den Wahlen mit dem Satz „Ich bin schwul, und das ist auch gut so." berühmt.

Am Christopher Street Day (der im angloamerikanischen Raum meist „Gay Pride" genannt wird) nehmen jedes Jahr in Berlin rund eine Millionen Menschen teil.

Doch das war nicht immer so. Während des Kaiserreiches wurden Homosexuelle verfolgt und während der Zeit des Nationalsozialismus mit dem Tod oder Zwangskastration bestraft. Auch nach dem Krieg waren in der BRD und in der DDR homosexuelle Handlungen nach Strafgesetzbuch strafbar und wurden verfolgt. Auch heute noch gilt Deutschland zwar als ein im europäischen Vergleich konservatives Land, doch laut einer Umfrage befürworten drei Viertel der Deutschen inzwischen eine Gleichstellung gleichgeschlechtlicher Lebenspartnerschaften zur Ehe.

LGBTは、レズビアン、ゲイ、バイセクシャル、そしてトランスジェンダーのそれぞれの頭文字を用いた略称です。

　2001年以降、ホモセクシャルなカップルは生涯を通じたパートナーシップ登録をすることができます。ただし、異性婚のカップルと同権というわけではなく、たとえば子どもを養子にすることはできません。レズビアンとホモセクシャルは、2013年の連邦憲法裁判所の判決によって、自分のパートナーの子どもを養子とすることが可能になっています。

　ホモセクシャルとして知られている政治家には、元外務大臣のギード・ヴェスターヴェレ（自由民主党）や元ベルリン市長のクラウス・ヴォーヴェライトがいます。後者は、選挙の前に「私はゲイです。そしてそれもまた、それで素敵なことです」というフレーズでカミングアウトしたことで有名になりました。

　ベルリンのクリストファー・ストリート・デイ（英語圏では「ゲイ・プライド」と呼ばれています）には、毎年100万ほどの人々が参加します。

　しかし、このような状況はずっと前から続いているものではありません。帝政期にはホモセクシャルの人々は迫害されていましたし、ナチス時代には罪だとされ、殺害あるいは強制断種されました。第二次世界大戦後でも東西ドイツでは、刑法によって同性愛者への罰則規定が存在していましたし、差別されていました。今日でもドイツはヨーロッパ内で比較すると、保守的な国ではありますが、あるアンケートによると最近では4分の3のドイツ人が、同性のパートナーシップを異性婚と同等にすることに対し賛成だと答えています。

adoptieren	養子にする
schwul	同性愛の、ホモの
Zwangskastration	強制断種
verfolgen	迫害する

Was genau ist denn eine Patchworkfamilie?

J Ist es denn nicht für die Kinder von Schwulen und Lesben schwer, mit dieser Situation umzugehen?

D Kinder in den sogenannten Regenbogenfamilien haben ein anderes Familienumfeld als Kinder in Familien mit heterosexuellen Eltern, da sie meist zwei Mütter oder zwei Väter haben. Allerdings haben zahlreiche Studien gezeigt, dass das Leben von Kindern in gleichgeschlechtlichen Lebenspartnerschaften auch nicht viel anders ist. In Deutschland gibt es auch sonst schon sehr viele Patchworkfamilien.

J Was genau ist denn eine Patchworkfamilie?

D Das ist eine Familie, bei der der Vater oder die Mutter ein Kind aus einer früheren Beziehung in die neue Familie mit eingebracht hat.

J Aus Sicht der Kinder ist also eines der Elternteile die Stiefmutter bzw. der Stiefvater?

D Genau. Früher starben die Menschen früher, Mütter bei der Geburt, Väter im Krieg. Und dann wurde neu geheiratet. Aber heutzutage ist eine Scheidung oder Trennung in den meisten Fällen der Grund für eine neue Familie. „Patchworkfamilie" spiegelt also auch ein moderneres Bild wieder als der Begriff „Stieffamilie". In Deutschland ist inzwischen jede achte Familie mit Kindern eine Patchworkfamilie.

J Aber werden denn die Töchter von zwei lesbischen Frauen dann nicht vielleicht auch lesbisch?

D Na klar! Alle Kinder von Heterosexuellen werden schließlich auch immer heterosexuell.

J Das war jetzt Ironie, oder?

D Jep, gut bemerkt. Ich glaub nicht, dass die Kinder dann eher lesbisch werden. Höchstens toleranter gegenüber anderen Menschen und – um Wowereit zu zitieren – „und das ist auch gut so."

パッチワーク家族って何ですか？

日 ゲイやレズビアンの子どもって、その環境に慣れるのが難しくないのでしょうか？

ド いわゆるレインボー家族の子どもは、両親がどちらも母親だったり父親だったりするので、異性婚の両親の家族の子に比べて異なる家族環境にあります。しかしながら、多くの研究では、同性パートナーの子どもの生活は、そんなに大きく変わらないといわれています。ドイツにはそもそも、すでにかなりの数のパッチワーク家族がいます。

日 パッチワーク家族って何ですか？

ド 前のパートナーの子どもがいる父親または母親が、新しい家族を作ることです。

日 子どもからすれば、両親のどちらかが継母か継父ということになりますよね？

ド そうなります。昔、母親は出産で死んだり、父親は戦争で死んだりすることが多く、再婚することがありました。しかし現在では、離婚や別居が新たな家族形成の理由でしょう。パッチワーク家族は「継家族」の現代の姿を表しているのです。ドイツでは、子どもがいる8家族に1つはパッチワーク家族です。

日 レズビアンのカップルの娘はひょっとしたらレズビアンになっちゃわないかな？

ド そのとおり！ 異性カップルの子どもは皆、いつも異性愛者になっちゃうよね。

日 それは皮肉？

ド うん、そういうこと。子どもたちは、それでレズビアンになるのではないと思います。他人に対して寛容になれることはあっても。ヴォーヴェライト元市長が「それもまた、それで素敵なことです」と言ったように。

38 極右勢力の動向はどうなっていますか？
Gibt es rechte politische Bewegungen in Deutschland?

Durch die Erfahrungen des Zweiten Weltkrieges und die Geschichtserziehung haben rechte Parteien in Deutschland kaum eine Basis. Zwar hat es noch keine rechtsextreme Partei geschafft, in den Bundestag zu kommen, doch die NPD (Nationaldemokratische Partei Deutschlands) ist von Zeit zu Zeit im Landtag von verschiedenen Bundesländern vertreten. Zurzeit ist sie im Landtag von Mecklenburg-Vorpommern sowie im Europaparlament vertreten. Es wird immer wieder versucht, die Partei zu verbieten, doch bisher ist dieses Verfahren immer wieder gescheitert, da ihr keine Verfassungswidrigkeit nachgewiesen werden konnte.

Als Reaktion auf die Eurokrise wurde 2013 die AfD (Alternative für Deutschland) gegründet. Mit ihrer EU-kritischen und nationalistischen Haltung erreichte sie bei der Bundestagswahl 2013 insgesamt 4,7 Prozent der Stimmen und verfehlte damit nur knapp die Fünfprozenthürde. Sie ist in mehreren Bundesländern im Landtag vertreten und zog 2014 mit 7,1 Prozent ins Europaparlament ein.

Auch „Pegida" (Abkürzung für: „Patriotische Europäer gegen die Islamisierung des Abendlandes") ist eine Organisation, die seit Ende 2014 mit Demonstrationen im ganzen Land für Aufsehen sorgt. Ihre zum Teil fremdenfeindlichen Parolen richten sich gegen Islamisierung und die Asylpolitik der Bundesregierung und sie nutzt die Angst der Deutschen vor sogenannter „Überfremdung" für ihre Ziele.

第二次世界大戦の経験と歴史教育によって、ドイツでは右翼政党はほとんど支持基盤を持ちません。ただ確かに、極右政党は連邦議会に進出することに成功していませんが、NPD（ドイツ国家民主党）はときおりいくつかの州議会議員に代表を送り込んでいます。現時点では、同党はメクレンブルク・フォアポンメルン州議会、そして欧州議会にも議席を持っています。この政党を禁止しようと幾度となく試みられてきましたが、これまでこの手続きはその都度、失敗してきました。というのも、この政党の憲法違反を証明することができなかったからです。

　ユーロ危機を受けて、2013年にAfD（ドイツのための選択肢）が結党されました。EU批判と国家主義的な方針で、2013年の連邦議会選挙では計4.7％の得票率となり、5％条項のハードルをわずかに超えることはできませんでした。同党は多くの州議会で議席を獲得しています。2014年には7.1％の得票で欧州議会に進出しました。

　「ペギーダ」（「西洋のイスラム化に反対する愛国的ヨーロッパ人」の頭文字を取った語）もまた、2014年の終わりから世間の注目を集めています。外国人敵視を含む彼らの主張は、イスラム化と連邦政府の庇護（難民）政策に向けられており、いわゆる「異文化の過剰な影響」を恐れるドイツ人の恐怖心を、その目的のために用いています。

Fünfprozenthürde	5％条項
Aufsehen	注目
Überfremdung	外国の強い影響

> **Ist der Rechtsruck ein neueres Phänomen in Deutschland?**

J Ist der Rechtsruck ein neueres Phänomen in Deutschland?

D Tatsächlich war die NPD auch schon in den 60er Jahren im Landtag von vielen Bundesländern vertreten. Danach jedoch eine ganze Weile gar nicht, bis sie nach der Jahrtausendwende wieder in Mecklenburg-Vorpommern und Sachsen auftauchte. In Sachsen scheiterten sie bei der darauffolgenden Wahl an der Fünfprozenthürde – dafür ist die AfD mit 9,7% dabei. Noch größer war die Überraschung, als die AfD im März 2016 fast ein Viertel der Stimmen in Sachsen-Anhalt holte.

J Was ist denn die Fünfprozenthürde?

D Eine Partei muss mindestens 5% erreichen, um in den Landtag oder Bundestag einziehen zu können. Bei weniger Prozenten können keine Abgeordneten entsendet werden.

J Aber ist das nicht ein bisschen ungerecht? So haben kleinere und neue Parteien ja gar keine Chance!

D So kann man es auch sehen. Aber die Fünfprozenthürde wurde eingeführt, nachdem es in Deutschland vor dem Zweiten Weltkrieg zu politischen Instabilitäten und ständigen Wechseln durch zu viele kleine Parteien gekommen war. Das half letztendlich Hitlers NSDAP, an die Macht zu kommen.

J Die Deutschen versuchen also aus der Geschichte zu lernen?

D Ja, aber leider gibt es auch Leute, die bis heute nichts verstanden haben. In den 30er Jahren wählten die Leute aus Unzufriedenheit die Rechten und heute ist es doch im Prinzip genauso.

右傾化は新しいドイツの現象ですか？

日 右傾化は、ドイツの新しい現象なのかな？

ド 実は、NPD はすでに 1960 年代に多くの州議会で議席を持っていたんだ。けれども、その後、20 世紀の終わりにメクレンブルク・フォアポンメルン州とザクセン州で再び議席を獲得するまで目立つことはなかった。ザクセンでは、その後 5％条項のハードルを越えることができず姿を消したけども、AfD は 9.7％ を獲得して議席を得たんだ。AfD が 2016 年 3 月のザクセン・アンハルト州選挙で、4 分の 1 の票を獲得したのは大きな驚きだったね。

日 5％条項って？

ド ある党が州議会または連邦議会に議席を持つには、最低 5％に達しなければならないというもの。それ未満の場合は、議会に議員を送り込むことができないんだ。

日 でもそれって、少し不公平では？　だって、小政党や新しい政党はチャンスがないじゃない！

ド そうとも言えるね。でも、この 5％条項は、第二次世界大戦前のドイツで、小政党が乱立して政治的不安定と絶え間ない政権交代が起こったことを受けて導入されたんだ。この状況が、結果的にヒトラーのナチ党を権力の座につかせたからね。

日 ドイツは、歴史から学ぼうとしているってことだね。

ド うん。けれども、みんながしっかりと理解しているわけではないんだ。1930 年代に人々は不満から右翼を選んだけど、それは基本的には今日も同じだね。

39　大量の移民によって問題はありませんか？
Gibt es durch die vielen Immigranten in Deutschland Probleme?

Wo verschiedene Kulturen aufeinandertreffen, gibt es immer die Möglichkeit der Horizonterweiterung und Bereicherung, aber natürlich auch verschiedene Probleme. Deutschland liegt mitten in Europa und kennt daher schon seit früher viele Migrationsbewegungen.

Während der Zeit des Wirtschaftswunders nach dem Zweiten Weltkrieg herrschte Arbeitskräftemangel in Westdeutschland. Daher wurden in den 60er Jahren Anwerbeabkommen mit anderen Ländern geschlossen, die ausländischen Arbeitskräften einen befristeten Aufenthalt in Deutschland ermöglichten. Man nahm an, dass diese hauptsächlich für körperlich schwere und einfache Arbeiten eingesetzten Männer und Frauen wieder in ihr Land zurückkehren würden, doch viele von ihnen entschieden sich zu bleiben. Da man jedoch versäumt hatte, sich um ihre Integration und Bildung zu kümmern, hatten besonders viele in Deutschland geborene Kinder dieser sogenannten „Gastarbeiter" Probleme bei der Identitätsfindung. Doch heutzutage hat man diese Versäumnisse bemerkt und bemüht sich verstärkt um Integrationsmaßnahmen, vor allem was die Sprachausbildung angeht. Denn viele junge Menschen mit Migrationshintergrund konnten unter anderem aufgrund mangelnder Sprachkenntnisse die Schule nicht erfolgreich abschließen. Dadurch hatten sie im Berufsleben nur sehr eingeschränkte Chancen, was zu Unzufriedenenheit und leider manchmal auch Kriminalität führte.

Seit der großen Flüchtlingskrise 2015 machen sich viele Deutsche Sorgen, ob diese gesellschaftliche Herausforderung zu bewältigen ist. Dafür ist ein gemeinsamer gesellschaftlicher Dialog sehr wichtig.

さまざまな文化が接触する場所では常に、視野を広げてくれたり、生活や考えを豊かにしてくれる可能性もあったりするわけですが、当然ながらいろいろな問題もあります。ドイツはヨーロッパの真ん中に位置し、それゆえに以前から、多くの移民の流出入が知られています。

　第二次世界大戦後の「経済の奇跡」の時代に、西ドイツでは労働力不足が深刻でした。そのため、60年代には、諸外国との間に募集協定が締結されました。その協定は、外国人労働者がドイツに期限つきの滞在を可能にするものでした。主に肉体重労働や単純労働のために呼び寄せた男女は自国に再び帰るだろうと人々は考えましたが、彼らの多くは居残ることを決めたのです。彼らの統合や教育に気を配らなかったので、彼ら、いわゆる「ガストアルバイター」の子どもで、ドイツで生まれた子どもたちはとくにアイデンティティー確立に際し問題を抱えてしまいました。しかし、今日では当時は見過ごしていた問題に気づき、統合措置とりわけ言語教育に関して重点的に力を入れています。というのも、移民の背景のある多くの人が、なかでも言語知識の不足によって学校を十分な成績で卒業ができなかったからです。それによって、職業においてほんの限られたチャンスしか得られずに、そのことが不満を生み、残念ながら時として犯罪を招くこともありました。

　2015年の深刻な難民危機以来、多くのドイツ人は、この社会的な問題を克服できるかどうかについて不安を抱いています。そのためには、一緒に社会全体で対話することがとても重要です。

Horizonterweiterung	視野を広げること
Migrationsbewegung	移民の流出入
Wirtschaftswunder	経済の奇跡
Integration	統合
Gastarbeiter	ガストアルバイター、外国人労働者
Menschen mit Migrationshintergrund	移民の背景を持つ人

Wie viele Flüchtlinge nimmt Deutschland auf?

J Wie viele Flüchtlinge nimmt Deutschland auf?

D Allein im Jahr 2015 kamen wohl über eine Million Flüchtlinge neu in Deutschland an. Allerdings wurden nur ungefähr ein Drittel von ihnen tatsächlich in Deutschland aufgenommen, hauptsächlich Menschen aus Syrien. Die anderen wurden zurückgeschickt, weil sie aus Regionen kommen, die als „sichere Herkunftsländer" eingestuft wurden. Manche von ihnen werden jedoch erst mal eine Zeit in Deutschland geduldet. Die Beamten sind gerade völlig überfordert mit der Bearbeitung der ganzen Anträge.

J Das hört sich nach viel Chaos an.

D Oh ja! Im Sommer 2015 war die ganze Welt bewegt von Deutschlands „Willkommenskultur", als Flüchtlinge an den Bahnhöfen von Anwohnern mit Geschenken und Plakaten willkommen geheißen wurden. Doch in letzter Zeit ist der Wind rauer geworden. Viele Flüchtlinge mussten in Turnhallen und Schulen provisorisch untergebracht werden, was das öffentliche Leben stark beeinflusst hat. Manch einer hatte Angst, dass durch die neuen billigen Arbeitskräfte sein Job in Gefahr wäre oder durch die gestiegenen Ausgaben des Staates das Geld nun nicht mehr für die eigene Rente reiche. Nur so kann man sich ausländerfeindliche Übergriffe auf Flüchtlingsheime erklären. Und seit in der Silvesternacht 2015 zahlreiche Frauen von Flüchtlingsgruppen belästigt wurden, ist die Stimmung total gekippt. Viele Deutsche vertrauen weder den Medien noch den Flüchtlingen mehr.

J Wenn es doch so viele Gegenstimmen gibt, sollte Deutschland dann nicht einfach seine Grenzen zumachen?

D Das sagen nicht wenige. Aber für Länder, die die Genfer Konvention unterschrieben haben, darf es diese viel diskutierte „Obergrenze" eigentlich nicht geben. Und schließlich sind es schutzbedürftige Menschen, die da zu uns kommen. Ich finde, man sollte eher die Ursachen, also den Krieg in Syrien bekämpfen, anstatt sich über so etwas Gedanken zu machen.

ドイツは難民をどのくらい受け入れているのですか？

日　ドイツは難民をどのくらい受け入れているのですか？

ド　2015年だけで新たに百万人もの難民がドイツにやってきました。もっとも、実際にドイツで受け入れられたのはそのうちの3分の1ほどで、主にシリアから来た人々です。それ以外の人たちは、「安全な出身国」に分類された地域から来ているので、送還されました。彼らの多くは、それでも一定期間ドイツにいることを許容されています。係官は今、申請の対応に追われていますね。

日　混乱しているようですね。

ド　はい、まったくです。2015年の夏、駅に到着した難民を住民が贈り物やプラカードで歓迎したとき、世界はドイツの「歓待文化」に驚きました。しかし最近、風向きが変わりました。難民の多くは体育館や学校に一時的に収容されていて、日常生活に大きく影響しています。安い労働力によって自分の仕事が危険にさらされるのではないか、国庫からの支出が増えて自分の年金が足りなくなるのではないかと心配する人もいます。難民施設への外国人敵視のいやがらせはこうでないと説明がつきません。2015年の大晦日の夜には多くの女性が難民グループにからまれるに至って、雰囲気は一転しました。今やドイツ人の多くは、メディアも難民も信じていません。

日　反対の声が多いのなら、ドイツは国境を閉めればよいだけでは？

ド　そう言う人も少なくないです。ですが、ジュネーブ難民条約に署名をした国々の間には、よく議論されている（難民受け入れの）「上限」は本来ありません。私たちのところに来るのは、保護を必要としている人々なのです。その原因であるシリアの戦争と向き合うべきだと思います。

40 EUにおけるドイツの役割は？
Wie ist Deutschlands Rolle in der EU?

Bei der Gründung der EU bzw. ihrer Vorgängerorganisationen standen vor allem wirtschaftliche Motive im Vordergrund. Außerdem wollte man das zerrüttete Europa nach den zwei Weltkriegen gemeinsam wieder aufbauen. Durch die engere Zusammenarbeit der Länder sollte eine weitere humanitäre Katastrophe von vorn herein ausgeschlossen werden. Gerade Deutschland als Verantwortlicher und Verlierer der Kriege bemühte sich besonders eifrig um diese neue Aufgabe. Dennoch hatten viele Deutsche über lange Zeit nicht das Gefühl, dass die EU sie wirklich betreffen würde, so dass die Wahlbeteiligung bei den Wahlen zum EU-Parlament nicht einmal 50% erreichte.

Doch in den Zeiten der instabilen Finanzlage und der Flüchtlingskrise machen sich immer mehr Menschen Gedanken um die Rolle Deutschlands in der EU. Man hat das Gefühl, dass Deutschland als bevölkerungsreichstes Land der EU mit der stärksten wirtschaftlichen Kraft innerhalb des Verbundes eine ungewollte Führungsrolle zugekommen ist. Denn die Regierung unter Merkel hat in allen Krisensituationen stets konkrete Lösungsvorschläge auf den Tisch gelegt. Einerseits möchte man schwierige Entscheidungen nicht unbedingt selbst treffen, doch ein starkes Auftreten von Deutschland weckt Erinnerungen an frühere Zeiten. Daher wird ein dominantes Auftreten der Bundeskanzlerin nicht immer positiv gewertet und ab und zu kommt die Retourkutsche mit Nazi-Karikaturen in den Zeitungen.

Gerade nach dem sogenannten „Brexit" steht die EU vor ganz neuen Herausforderungen. Bisher gab es viele Neuaufnahmen, doch es ist das erste Mal seit der Gründung, dass ein Staat austreten wird. Deutschland verfolgt das Prinzip der heterogenen, aber gemeinsam agierenden Staatengemeinschaft weiterhin und steht nun vor der Aufgabe, den Zusammenhalt innerhalb der EU zu stärken und ihr einen festen Standpunkt auf der Weltbühne zu sichern.

EUあるいは、その元となる諸組織の創設にあたって、経済的な動機が中心にありました。そのほかに、二度の世界大戦によって破壊されたヨーロッパをともに再建したかったのです。国々がより緊密に協力することで、さらなる人道的な破局をあらかじめ阻止しようとしました。ドイツはまさに戦争の責任国であり、敗戦国として、とりわけ熱心に新たな使命を果たそうと努力しました。しかし、一般のドイツ人は、長い間EUが自分たちに直接関わりのあるものだとは思っておらず、EU議会選挙の投票率は50%にさえ届いていません。

　しかし、不安定な経済状況と難民危機に直面している昨今、より多くの人びとがEUにおけるドイツの役割について考えるようになりました。EU内で最も経済力を持つ人口が最も多い国家として、はからずもドイツに指導的な役割が与えられたのだと思われています。というのも、メルケル政権はあらゆる危機状況において、絶えず具体的な解決策を提示してきたからです。一方で、重大な決定を必ずしも自分でしたくない場合、ドイツの活躍は過去の時代を思い起こさせました。連邦首相メルケルの強気の姿勢は必ずしも肯定的にとらえられず、しばしば新聞ではナチのカリカチュアを用いて非難されたりもします。

　いわゆる「イギリスのEU離脱（Brexit）」によってまさに、EUは新たな試練にさらされています。これまでは多くの新規加盟がありましたが、設立後初めて国家のEU離脱となります。ドイツは、異質でありながらもともに行動する国家連合体という原則を引き続き支持しています。そして現在では、EU内での結びつきを強化し、世界の舞台で立場を確固とする使命に直面しているのです。

eifrig	熱中した
dominant	支配的な
Retourkutsche	しっぺ返し
Karikatur	風刺
heterogen	異質の

Hat der Brexit viele Deutsche überrascht?

J Hat der Brexit viele Deutsche überrascht?

D Ja, mich auch! Meistens entscheiden sich die Leute ja doch eher für den Status Quo, wenn so wichtige Entscheidungen anstehen. Aber es gab ja schon vorher in der EU politisch-kulturelle Differenzen, die nicht zu übersehen waren.

J Welche denn zum Beispiel?

D Naja, ursprünglich war die EU, die damals noch EWG hieß, als Gemeinschaft aus sechs Staaten angedacht. Aber es kamen immer mehr Staaten hinzu und spätestens durch die Osterweiterung ist alles so weit angewachsen, dass es unvermeidlich wurde, dass es zu Unstimmigkeiten kommt. Ich meine, die Wirtschaftsleistung und Vergangenheit der „Neuen" ist schließlich ganz anders als die der „Alten".

J Hat die Einführung des Euros da auch eine Rolle gespielt? Mir kommt es zwar jetzt so vor, als hätte es den schon immer gegeben, aber eigentlich existiert er ja erst seit 2002.

D Hmm... also nach der Einführung gab es erst mal eine Menge unzufriedener Leute.

J Weil sie alles neu umrechnen mussten?

D Nee, hauptsächlich weil man das Gefühl hatte, dass alles teurer wurde. Deswegen haben einige der neuen Währung auch den Spitznamen „Teuro" gegeben. Aber da Deutschland ein Exportland ist, haben wir eigentlich hauptsächlich vom einheitlichen Markt profitiert, denke ich. Außerdem macht es Spaß, die ganzen unterschiedlichen Münzen aus den verschiedenen Ländern zu sammeln.

英国の EU 離脱はドイツ人には驚きでしたか？

日 英国の EU 離脱は、多くの人々を驚かせましたね。

ド 私も驚きました！　重要な決定をする場合には、大概は現状維持になびくものです。しかし、EU には昔から見逃せない政治・文化的な隔絶があったことも確かです。

日 たとえばどんなことですか？

ド そうですね。EU は、まだ EEC と呼ばれていた当初は 6 カ国の共同体として構想されたものです。しかし、それにたくさんの国々が参加し、東方に拡大するころにはすでに意見の対立は避けられないものになっていました。「新加盟国」の経済力や歴史は「旧加盟国」のそれとは完全に違うものでした。

日 ユーロの導入も原因のひとつですか？　ユーロってずいぶん前からずっとあったように思えますが、実際には 2002 年からなんですよね。

ド うーん、確かにユーロの導入には不満を持つ人がたくさんいましたね。

日 すべてを新しく計算し直さないとならなかったからですか？

ド いいえ、多くの場合、すべての物価が上がったと感じた人が多かったのです。だからこの新通貨は「トイロ（高いユーロ）」というあだ名がつけられたりもしました。しかし、ドイツは輸出国ですから、全体的に見ると市場の統一によって利益を得たことが多かったと思います。それに、それぞれデザインの異なる通貨を集める楽しみもありますし。

41 隣国との関係はどうですか？
Wie sind Deutschlands Beziehungen zu seinen Nachbarn?

Im Allgemeinen kann man sagen, dass Deutschland gute Beziehungen zu allen seinen Nachbarstaaten pflegt. Doch das war nicht immer so. Schaut man sich die Geschichte Europas an, so ist diese im Prinzip permanent von Gebietsstreitigkeiten und Kriegen gezeichnet. Es gab kaum eine Zeit, in der nicht gestritten und gekämpft wurde. Das gegenseitige Wettrüsten erreichte im Ersten Weltkrieg einen vorläufigen Höhepunkt und gipfelte im Zweiten Weltkrieg in einer bisher ungekannten humanitären Katastrophe.

Danach bemühte sich vor allem Deutschland um eine Intensivierung der freundschaftlichen Kontakte zu seinen Nachbarn. Besonders die Beziehungen zu Frankreich, welches früher oft als „Erbfeind" bezeichnet wurde, haben sich vor allem durch die Unterzeichnung des Élysée-Vertrags 1963 so sehr verbessert, dass man sich ein Europa ohne die beiden Seite an Seite stehenden Länder an der Spitze kaum noch vorstellen kann. Dieser Vertrag besagt, dass beide Regierungen sich in regelmäßigen Abständen treffen und sich in wichtigen Angelegenheiten der Außen-, Sicherheits-, Jugend- und Kulturpolitik gegenseitig konsultieren.

Schaut man sich diese Entwicklungen an, kann man kaum glauben, dass Deutschland und Frankreich in den letzten 500 Jahren insgesamt 27 Kriege geführt haben. Damit sich diese Geschichte nicht wiederholt, wurde zum Beispiel auch das in beiden Staaten völlig inhaltsgleiche und in der Welt einzigartige „Deutsch-Französische Geschichtsbuch" gemeinsam erarbeitet. Es handelt sich um ein ganz normales Geschichtsbuch für die Oberstufe. Hier wird also nicht die Geschichte der deutsch-französischen Beziehungen gesondert behandelt, sondern junge deutsche und französische Schüler lernen aus dem gleichen Lehrbuch ihre eigene Geschichte, die des jeweils anderen Landes und der Welt.

一般的に、ドイツは周辺国すべてと良好な関係を保っていると言ってよいでしょう。しかし、ずっとこうだったのはありませんでした。ヨーロッパの歴史を見てみれば、基本的にその歴史はずっと地域紛争や戦争に特徴づけられています。対立や戦争がなかった時代はほとんどなかったのです。互いの軍事競争は第一次世界大戦でまずはひとつの高みに達し、さらに第二次世界大戦において未曾有の人類の破局という最高点へと至ります。

　その後、とりわけドイツは隣国との友好的な関係構築に力を注ぎました。かつてはよく「宿敵」とされたフランスとの関係は、1963年のエリゼ条約の署名によって飛躍的に改善されたので、互いに肩を並べて先頭に立つ両国の存在なしにはヨーロッパを想像することは難しくなっています。この条約によって、両政府は定期的に会合を持つこと、そして外交、安全保障、青少年、そして文化領域の政策の重要案件については互いに協議しあうということが定められています。

　このような動向に鑑みれば、ドイツとフランスが過去500年間にわたり、合計で27回も戦争を行ったとは信じがたいでしょう。このような歴史を繰り返さないためにも、両国では内容を一致させた世界唯一の『独仏歴史教科書』が作られました。これは、高校生がふつうに使用できる教科書として編まれました。つまり、独仏関係だけに特化した歴史が扱われているのではなく、ドイツとフランスの若い生徒たちが同じ教科書から、その都度、他国や世界と関わってきた自分たちの歴史を学ぶのです。

permanent	永続的な
Wettrüsten	軍拡競争
konsultieren	相談する
gesondert	別々の

Wie sieht es mit der Beziehung zu Polen aus?

J Die deutsch-französischen Beziehungen haben sich ja wirklich wahnsinnig verbessert im Vergleich zu früher! Und wie sieht es zum Beispiel mit Polen aus?

D Die deutsch-polnischen Beziehungen sind leider nicht unkompliziert. Am 1. September 1939 begann mit dem Angriff auf Polen der Zweite Weltkrieg und die deutsche Armee hat in Polen unverzeihliche Dinge getan. Die immer noch andauernden Streitigkeiten um die Rückführung von gestohlenen polnischen Kulturgütern und die Vertreibung der deutschstämmigen Bewohner aus dem Gebiet des heutigen Polens zeigen, dass hier noch nicht von einer abgeschlossenen Bewältigung der Vergangenheit gesprochen werden kann.

J Wurden denn keine Versöhnungsversuche unternommen?

D Doch, natürlich. Aber das kam erst später. Auch bedingt durch den Kalten Krieg kam es in den ersten zwanzig Jahren nach der Kapitulation Deutschlands überhaupt nicht zu offiziellen Gesprächen. Erst 1970, mit dem berühmten Kniefall vor dem Denkmal für die Opfer des Warschauer Ghettoaufstandes durch den damaligen Bundeskanzler Willy Brandt, begannen sich die Beziehungen zu normalisieren. Inzwischen gibt es auch hier viele gemeinsame Jugendprojekte und auch ein Lehrbuch, ähnlich wie mit Frankreich. Aber es ist alles ein wenig komplexer.

J Also gibt es schon Austausch zwischen beiden Ländern?

D Klar – allein schon deswegen, weil zwei Millionen Polen in Deutschland leben und ca. 300.000 Deutsche in Polen.

J Wo leben denn die meisten Deutschen im europäischen Ausland?

D Ich vermute mal in Österreich oder in der Schweiz. Da lebt es sich schließlich am einfachsten, weil man nicht unbedingt noch eine neue Sprache lernen muss. Als Deutscher muss man aber aufpassen, dass man diese Länder nicht einfach als „kleines Deutschland" sieht, sie haben schließlich ihre ganz eigene Kultur.

ポーランドとの関係はどうですか？

日 独仏関係はかつてに比べて、かなり改善されているのですね！　では、ポーランドとの関係はどうなんですか？

ド ドイツとポーランドの関係は、残念ながらなかなか難しいものがあります。1939年9月1日のポーランド侵攻で第二次世界大戦が始まりましたし、ドイツ軍はポーランドで許しがたい行為に及びました。盗んだポーランドの文化財返還をめぐる問題や現ポーランド地域からのドイツ系住民の追放が、今なお議論されていることを考えれば、過去が完全に克服されたと語るにはまだ早いでしょう。

日 和解の試みはされなかったのですか？

ド もちろんありました。しかし、ずいぶんたってからです。冷戦下だったこともあり、そもそもドイツ降伏から20年の間は公式な対話すらありませんでした。1970年に初めて、ワルシャワのゲットー蜂起犠牲者の記念碑前での当時の連邦首相ヴィリー・ブラントが有名な「ひざまずき」をして、ようやく関係正常化へと向かいました。今では、フランスとの間のように、共同の青年事業や教科書もあります。しかし、あらゆる面において、フランスよりはやや複雑です。

日 じゃあ、両国の交流は進んでいるんですね。

ド そのとおりです。ドイツには200万人のポーランド人が暮らし、そして、ポーランドには30万人のドイツ人が住んでいることからもわかりますね。

日 ヨーロッパでは、ドイツ人はほかのどの地域に多く住んでいるんですか？

ド それはオーストリアやスイスでしょう。新しい言語を習得する必要がなく、一番簡単に生活できますからね。ただし、ドイツ人として気をつけなければいけないのは、その国々を「ミニドイツ」と考えてはいけないことです。彼らはまったく独自の文化を持っているのですから。

キーワード③

Gegliedertes Schulsystem

　分岐型学校システム。小学校の後に、基幹学校、実科学校、ギムナジウムなどの中等教育機関に分かれて学ぶシステム。小学校中学年で将来の選択肢が決まってしまうことに対する批判は古くからなされ、昨今では柔軟になりつつある。なお、ギムナジウム修了の資格をアビトゥーア（略称はアビ）と呼び、これが大学入学資格になっている。

Rot-grüne Regierung, Schwarz-gelbe Koalition

　ドイツの各政党はシンボルカラーを持っており、その色名で政党を呼ぶことがある。たとえば、キリスト教民主同盟（CDU）は黒、社会民主党（SPD）は赤、緑の党（同盟90／緑の党）は緑、自由民主党（FDP）は黄色である。赤緑の連立なら社民と緑の党、黒黄ならキリスト教民主同盟と自由民主党の連立を意味する。2013年以降のメルケル内閣は「赤黒政権」だが、二大政党なので大連立と呼ぶことが多い。

Zwölf Stämme

　アメリカ発祥の新興宗教。その名は旧約聖書に出てくる古代イスラエルの12部族に由来する。閉鎖的コミュニティでの生活、独特の服装などを特徴とし、私有財産を認めていない。ドイツでは、学校での性教育や進化論教育を否定し、問題視された。

Wort des Jahres

　今年の言葉。その年に流行ったり、一年を象徴したりした言葉を「今年の言葉」として、ドイツ語協会が選出する。たとえば、2013年は「大連立(Große Koalition)」、2015年は「難民（Flüchtlinge）」が選ばれている。ほかにも「今年の若者語」や「今年の悪い言葉」なども発表されている。

Konzentrationslager

　強制収容所。ナチス時代に政治犯、ユダヤ、シンティやロマの人々を強制的に収容した施設。大小にわたりさまざまな形態が存在し、約 1000 カ所にのぼった。強制労働収容所、通過収容所、女性収容所そして絶滅収容所などがある。アウシュヴィッツ絶滅収容所が日本ではよく知られているが、現ポーランドなどの東欧諸国を中心に数多く点在していた。

Christopher Street Day

　同性愛者に対する差別撤廃を訴えて道路を練り歩くパレード。英語名だがドイツで生みだされた用語。クリストファーストリートは、ニューヨークの通りで、同性愛者が多く住み、同性愛差別撤廃運動の中心となった地区。現在は、ベルリンやケルンといった大都市を中心に、毎年 7 月頃に開催されている。両都市では毎年、約 100 万人が参加している。

AfD

　政党「ドイツのための選択肢（Alternative für Deutschland）」の略語。EU 危機の最中、2013 年に結党された。その主張は主に EU 懐疑であり、ドイツ内部で経済を回すことの重視を訴えている。難民問題などを背景に大衆的な支持を得て、2015 年、2016 年に躍進した。まだ若い政党であり、政治的方針は定かではない部分もあるが、単なる経済的な保守主義を超えた極右的な思想を同党の提言などに見る向きもある。

Wirtschaftswunder

　経済の奇跡。西ドイツの戦後復興とその経済成長期を指し示す。間の停滞期を含めて、1950 年ころから 1970 年代まで続いた。たとえば、1950 年代の西ドイツは、経済成長率が年平均 7％を超え、1962 年にはアメリカに次ぐ世界第 2 位の経済大国となった。その成長に大きく貢献したのが、ドイツ旧東部領からの第二次世界大戦による追放民や、1960 年代以降のトルコなどからの労働者（ガストアルバイター）であった。

キーワード③

Genfer Konvention

　「ジュネーブ難民条約（Genfer Flüchtlingskonvention）」を指す。正式名称は、「難民の法的地位に関する取り決め（Abkommen über die Rechtsstellung der Flüchtlinge）」となる。1950年代に、難民の人権保護や難民問題解決に向けて国際連合において作られた国際条約。現在、日本を含め140カ国以上が調印している。

Deutsch-Französisches Geschichtsbuch

　独仏共通教科書。エリゼ条約40周年の2003年から取り組みが始まり、2006年から順次3巻本として出版された。日本語訳もある。この教科書作成を最初に提案したのは、条約40周年のイベントに参加した両国の高校生たちだった。ただし、教科書といっても正式に採用されるということは少なかったとのこと。しかし、政治上で象徴的な意味を持っている。

Willy Brandt

　ヴィリー・ブラントは西ドイツの元首相（1969～1974）。社会民主党からの戦後初の首相となった。元ベルリン市長でもある。本名は、ヘルベルト・エルンスト・カール・フラームであり、反ナチ運動時に用いた偽名ヴィリー・ブラントで政治家としての仕事も通した。また、東ドイツや東ヨーロッパとの和解を進めたことによって、在任中の1971年にノーベル平和賞を受賞している。

文化芸術

第4章

Kunst und Kultur

42 どのようなスポーツに人気がありますか？
Welche Sportarten sind in Deutschland beliebt?

Zu den Sportarten, die die Deutschen am meisten betreiben, gehören Radfahren, Schwimmen, Joggen und Krafttraining im Fitnessstudio. Vor allem bei Menschen der älteren Generation ist Nordic Walking sehr angesagt. Unter den Mannschaftssportarten steht Fußball an erster Stelle. Da sie bereits im Sportunterricht in der Schule gespielt werden, gehören auch Handball und Volleyball zu den viel betriebenen Mannschaftssportarten in Deutschland. Da die jeweiligen deutschen Nationalmannschaften recht stark sind, werden die Turniere gern im Fernsehen gesehen.

Doch kein Sport begeistert im Fernsehen so viele Deutsche wie Fußball – bei der Europa- und Weltmeisterschaft sind die Straßen bei Spielen der Nationalelf wie leergefegt und auch die Spiele der ersten Bundesliga haben enorm hohe Einschaltquoten. Gerade in industriell geprägten Arbeitermilieus sind Vereine wie „Schalke 04", die sich von unten bis an die Spitze gearbeitet haben, eine große Stütze für die regionale Identität der Fans.

Daneben ziehen auch Boxturniere, Autorennen (vor allem Formel 1) und Wintersport (Skispringen, Eiskunstlauf u.a.) die Deutschen vorm Fernseher in ihren Bann. Wer hier erfolgreich ist, kann sich stets über lukrative Werbedeals freuen. Bei Boxkämpfen sind es vor allem Vitali und Wladimir Klitschko, für die regelmäßig mehrere Millionen Deutsche den Fernseher einschalten.

Schaut man sich in öffentlichen Parks um, wird man immer wieder Eltern sehen, die gemeinsam mit ihren Kindern Federball oder Tischtennis spielen. Fast in jedem Park gibt es Tischtennisplatten aus Stein, auf denen man spielen kann, wenn man selbst Schläger und Ball mitbringt. Leider verhindert der Wind oft einen fairen Wettkampf, doch die meisten spielen sowieso nicht, um zu gewinnen, sondern wollen einfach den Ball möglichst lange hin und her schlagen.

ドイツ人が最も盛んに行っているスポーツの種目に、自転車、水泳、ジョギングそしてフィットネスクラブでの筋力トレーニングが挙げられます。とくに年配の世代はノルディック・ウォーキングがとても流行しています。チームスポーツでは、サッカーがトップです。学校の体育授業で行われることから、ハンドボールやバレーボールもドイツでは盛んな団体スポーツです。これらのドイツチームが強いので、テレビではその試合が好んで見られています。

　しかし、サッカーほど多くのドイツ人をテレビで熱狂させるスポーツはないでしょう。ヨーロッパ選手権やワールドカップでは、ドイツ代表チームの試合があると街の通りは人っ子一人いないかのようになりますし、ブンデスリーガ1部の試合も、とても高い視聴率となります。工業労働などの労働者社会の中で、「シャルケ04」のように、自力で成功にまで上りつめたチームがあり、それらはファンの地域アイデンティティーを支える大きな柱となっています。

　ほかにもボクシング、カーレース（とくにF1）そしてウィンタースポーツ（スキージャンプ、フィギュアスケートなど）も、テレビの前のドイツ人の心をとらえています。ここで成功した者は、ずっとCM出演での利益が約束されます。ボクシングといえば、とくにヴィタリとヴラディミール・クリチュコ兄弟で、彼らの試合がテレビに流れると何百万人というドイツ人がテレビをつけます。

　公園でよく目にするのは、子どもたちとバドミントンや卓球をする親子です。どの公園にも石作りの卓球台が置かれており、自分でラケットとボールを持ち込めば、そこで卓球をプレイすることができます。残念ながら風がしばしば勝負の邪魔をしますが、そこでプレイする人々は勝ち負けではなく、単にできるだけ長い間ラリーを続けることを目的にしています。

angesagt	流行している
Einschaltquote	視聴率
lukrativer Werbedeal	儲かるCM出演

> **Wenn die Deutschen so viel Sport treiben, wieso gibt es denn so viele übergewichtige Deutsche?**

J Wenn die Deutschen so viel Sport treiben, wieso gibt es denn so viele übergewichtige Deutsche?

D Das ist eine wirklich gute Frage. Ich vermute mal, es liegt hauptsächlich am Essen.

J Deutsches Essen ist ja auch wirklich ziemlich fettig im Vergleich zum japanischen Essen.

D Aber es schmeckt ja auch verdammt gut!

J Das will ich ja auch gar nicht bestreiten. Aber wenn man das jeden Tag isst, kann ich mir gut vorstellen, dass man sich schnell einen Rettungsring anfuttert.

D Leider... angeblich hat wohl mittlerweile jeder zweite Deutsche Übergewicht. Vielleicht gibt es deswegen so viele Ratgeber für Diäten in Frauenzeitschriften. In den letzten Jahren ist Trennkost ziemlich in Mode gekommen. Die wohl bekannteste Methode heißt „Schlank im Schlaf".

J Das hört sich nach einer Diät an, die ich auch durchziehen könnte – einfach nur schlafen und dabei abnehmen.

D Nee, dafür muss man genau darauf achten, welche Art von Essen man zu welcher Tageszeit isst. Ansonsten gibt es noch Sachen wie die Kohlsuppendiät oder die Ananasdiät, bei der man seine Ernährung auf nur ein einziges Lebensmittel umstellt.

J Und funktioniert das?

D Kurzfristig schon, aber hinterher stellt sich fast immer der Jojo-Effekt ein. Wenn man die Deutschen danach befragt, wie sie abnehmen, antworten die meisten übrigens mit: FDH. Das ist die Abkürzung für: Friss die Hälfte.

J Na, das scheint ja toll zu funktionieren...

スポーツしているのにどうして太りすぎの人が多いの？

日 そんなにスポーツしているのに、どうしてドイツには太りすぎの人が多いの？

ド 本当にいい質問だね。それは主に食事に原因があるんだと思う。

日 日本食に比べてドイツ料理はけっこう油っぽいもんね。

ド でも、ものすごくうまいんだから！

日 異論はないけど、毎日そんなものを食べてたら、食べすぎですぐ（救命浮き輪をつけたような）三段腹になっちゃう。

ド 残念なことに、今ではドイツ人の2人に1人は肥満らしいよ。たぶんそのせいで、あんなに多くのダイエット記事が女性誌に載っているよ。ここ数年はフードコンバイニング（ダイエット方法の一種）がかなり流行しています。最も有名なメソッドは「寝ながらダイエット」。

日 それなら続けられそうだね。寝ているだけでやせられるなら。

ド いやいや、どの種類の食べ物をどの時間に食べるかにすごく注意がいるんだ。ほかにもキャベツスープ・ダイエットやパイナップル・ダイエットのように、食習慣をある食べ物にシフトさせるダイエット方法もあるよ。

日 それって、うまくいくの？

ド 短期的には。でも、その後ほとんどいつもリバウンドがくるよ。ドイツ人にどうやって体重を減らしているかと聞いたら、ほとんどの人はFDHだと答えるね。「食べる量を半分に」の略語だよ。

日 そりゃあ、それはうまくいくだろうね…。

43 どうしてサッカーがあんなに強いの？
Warum ist der deutsche Fußball so stark?

Fußball hat eine lange Tradition in Deutschland und ist mit Abstand die beliebteste Mannschaftssportart der Deutschen. Allerdings hatte es der Fußball am Anfang nicht leicht in Deutschland. Gegen Ende des 19. Jahrhunderts schätzte man eher Turnsportarten und Fußball wurde zunächst als „Englische Krankheit" bezeichnet. Doch der Gymnasiallehrer Konrad Koch veranlasste 1874 das erste Fußballspiel auf deutschem Boden und nach und nach gewann die neue Ballsportart an Popularität.

Nach dem Zweiten Weltkrieg war es vor allem das „Wunder von Bern", das die Herzen der Menschen bewegte. Dieser Sieg des Außenseiters BRD gegen den Favoriten Ungarn im WM-Finale 1954 in Bern gab dem Fußball in Deutschland neuen Auftrieb. Mit der Einführung der Fußball Bundesliga im Jahr 1963 durch einen Beschluss des DFB (Deutscher Fußballbund) entstand das heutige Ligasystem, mit dem jedes Jahr der „Deutsche Fußballmeister" ermittelt wird. Mit insgesamt 26 gewonnenen Bundesliga-Meisterschaften ist der „FC Bayern München" mit Abstand der erfolgreichste Verein.

Doch auch wenn der deutsche Fußball heutzutage als einer der stärksten in Europa angesehen wird, erlebte er auch Krisenzeiten. Bei der Europameisterschaft 2000 schied Deutschland bereits in der Gruppenphase als Gruppenletzter aus, was für viele ein unvorstellbar großer Schock war. Hauptgrund war, dass man in der Bundesliga hauptsächlich ausländische Spieler engagierte und wenig in die eigene Jugendarbeit investierte.

Doch inzwischen gibt es für Vereine der Bundesliga die Verbindlichkeit, ein Nachwuchsleistungszentrum zu unterhalten, in dem junge Spieler gefördert werden und wo vor allem Wert auf technische und taktische Spielweise gelegt wird. Diese neuen jungen Spieler konnte man schließlich bei der Weltmeisterschaft 2014 glänzen sehen.

ドイツでサッカーは長い歴史があり、ドイツ人には断トツの人気チームスポーツです。ただし、最初はドイツで簡単に受け入れられたわけではありません。19世紀末、体操競技がむしろ好まれており、当初サッカーは「イギリス病」として表現されていました。しかし、高校教師コンラート・コッホが1874年に最初のサッカーの試合をドイツで行い、その後徐々に、この新たなボール競技は人気を得ていったのです。

　第二次世界大戦後、とくに「ベルンの奇蹟」が人々に感動を与えました。優勝候補のハンガリーに対して勝ち目のないチームだと思われた西ドイツが、ベルンで開催されたワールドカップ1954年大会で優勝したことは、新たなセンセーションを巻き起こしました。DFB（ドイツサッカー連盟）の決定によって1963年にサッカー・ブンデスリーガが生みだされたことで、今日のリーグ制度が成立し、毎年「ドイツサッカーマイスター（優勝クラブ）」が選ばれることになります。合計26回の優勝に輝いたのは、「FCバイエルン・ミュンヘン」で、断トツで成功しているチームです。

　今日、ドイツのサッカーチームはヨーロッパ内で最強のチームのひとつだと見なされていますが、危機の時代もありました。2000年のヨーロッパ選手権では、ドイツはグループリーグで最下位となり予選を通過できませんでした。多くの人に、信じられないくらい大きなショックを与えました。主な理由は、ブンデスリーガではほとんど外国人選手が活躍し、自国の若者育成にほとんど投資していなかったからです。

　しかしここ最近、ブンデスリーガのチームは、若手選手育成センターを整備し、そこでは若い選手が養成され、とくに技術的・戦術的なプレースタイルに価値が置かれています。2014年のワールドカップでは、この新進の若い選手たちの光る活躍を見ることができました。

mit Abstand	断トツの
Favorit	優勝候補
ausscheiden	敗退する
Gruppenletzter	グループリーグ最下位
engagieren	〜と契約する、〜を起用する
Nachwuchsleistungszentrum	若手選手育成センター

> **Warum gibt es so viele japanische Spieler in der deutschen Bundesliga?**

J Warum gibt es so viele japanische Spieler in der deutschen Bundesliga?

D Japanische Spieler sind ziemlich beliebt. Sie haben eine gute Technik, aber trotzdem kosten die Verträge mit ihnen nicht so viel wie zum Beispiel mit Brasilianern.

J Und die Japaner in der Bundesliga scheinen sich in Deutschland auch wohl zu fühlen. Irgendein japanischer Spieler meinte wohl mal, dass Deutschland ein sehr familienfreundliches Land sei und dass man hier sehr ruhig leben könne, ohne ständig von Paparazzi und Fans gestört zu werden.

D Jedenfalls freue ich mich, dass es den meisten Spielern bei uns gefällt. Die Deutschen mögen die japanischen Kicker sehr gern. Für Kagawa haben Fans aus Dortmund damals sogar extra ein Lied geschrieben. Ich glaube, das hieß irgendwas mit „Sushibomber"...

J Sushibomber? Okay, das finde ich aber doch ein bisschen seltsam.

D Der Name hört sich vielleicht komisch an, aber die Fans lieben ihn wirklich!

J Wenn du meinst. Und vielleicht wird die japanische Nationalmannschaft durch die vielen Erfahrungen ihrer Spieler in der Bundesliga ja auch irgendwann mal so stark wie die deutsche.

D Ich würde es euch auf jeden Fall gönnen. Bisher habt ihr ja noch gar keinen Stern.

J Was meinst du mit „Stern"?

D Na, auf dem Trikot der deutschen Nationalmannschaft sind doch über dem Logo vier Sterne angebracht – einer für jeden Sieg bei einer Weltmeisterschaft: 1954, 1974, 1990 und 2014.

J Ah, da hab ich bisher noch nie drauf geachtet.

なぜ多くの日本人がブンデスリーガでプレーしているの？

日 どうしてたくさんの日本人選手がブンデスリーガでプレーしているのかな？

ド 日本の選手はかなり人気があるよ。テクニックがある一方で、契約金はたとえばブラジル人に比べると安いからね。

日 ブンデスリーガの日本人選手はドイツでうまくいっているようですね。ドイツは家族でいることにやさしい社会で、しょっちゅうパパラッチやファンに邪魔されずに静かに暮らせる国だと、ある日本人選手が言ってました。

ド とにかく、多くの日本人選手がドイツを気に入ってくれるのはうれしいね。ドイツ人も日本の選手がとても好きなんだ。香川選手のために、ドルトムントのファンは特別な歌を作ったんだ。「寿司ボンバー」とかなんとか。

日 「寿司ボンバー」？ うーん、ちょっと変な感じだね。

ド 変な呼び方だけど、ファンは彼のことを本当に好きなんだ。

日 なるほど、そうなのかな。日本代表チームがブンデスリーガの選手の豊富な経験によってドイツのように強くなるといいなぁ。

ド 心からそう願っているよ。君たちは今までまだ「星」がないでしょ。

日 「星」って何のこと？

ド ドイツ代表のユニフォームには4つの星のマークがついているんだ。1954、1974、1990、2014年と、ワールドカップの優勝ごとに星がつくんだよ。

日 へぇ、今まで気づかなかったよ。

44 どのようなドイツ映画がありますか？
Was für deutsche Filme gibt es?

Meistens schaffen es nur Filme, die die Zeit der DDR oder des Nationalsozialismus thematisieren, bis in die japanischen Kinos. Natürlich sind Filme wie „Goodbye, Lenin!" (2003) oder „Das Leben der Anderen" (2006) auch in Deutschland sehr bekannt, doch wenn man sich die Liste der erfolgreichsten Filme anschaut, finden sich auf den ersten Plätzen hauptsächlich leichtere Komödien.

Die höchsten Einspielergebnisse deutscher Filme in Deutschland erzielten die Parodien „Der Schuh des Manitu" (2001) und „(T)Raumschiff Surprise – Periode 1" (2004) des Regisseurs und Komikers Michael „Bully" Herbig. Gemessen an den Zuschauerzahlen (nämlich 14,5 Millionen) ist der Film „Otto – Der Film" (1985) des Komikers Otto Waalkes der erfolgreichste Kinofilm - er wurde noch vor der Wende sowohl in der BRD als auch in der DDR gezeigt.

In den letzten Jahren haben die Komödien „Fack ju Göhte" (2013) und der Nachfolger „Fack ju Göhte 2" (2015) für großes Aufsehen gesorgt. Außerdem ist bei Komödien des Schauspielers und Regisseurs Til Schweiger fast immer der Erfolg garantiert. Vor allem seine Filme „Der bewegte Mann" (1994), „Keinohrhasen" (2007) und „Honig im Kopf" (2014) lockten besonders viele Zuschauer ins Kino. Alle diese Filme haben eine romantische Komponente und sind zum Lachen für ein breites Publikum.

Wenn man etwas ernstere Filme bevorzugt, die jedoch nicht während der Nazi-Zeit oder der DDR-Zeit spielen, sind zum Beispiel „Knockin' on heavens door" (1997), „Das Experiment" (2001) oder „Das weiße Band" (2009) zu empfehlen.

Zu den in Japan bekanntesten deutschen Filmen gehören vermutlich „Das Boot" (1983), „Die unendliche Geschichte" (1984), „Lola rennt" (1999) und „Der Untergang" (2005).

日本の映画館で上映されるドイツ映画は、東ドイツやナチス時代をテーマにした作品ばかりです。『グッバイ、レーニン！』（2003年）や『善き人のためのソナタ』（2006年）は、当然、ドイツでもとても有名です。しかし、ドイツでヒットした映画のリストを眺めれば、上位を占めているのはたいてい軽めのコメディー映画です。

　ドイツで最大の興行収入成績を上げた映画は、コメディアンで監督のミヒャエル・"ブリー"・ヘルビッヒのコメディー映画『マニトの靴』（2001年）や『ドリームシップ　エピソード ½』（2004年）です。観客動員数でいえば、その数1450万人と言われるコメディアンのオットー・ヴァルケス作『オットーデア・フィルム』（1985年）が成功を収めました。本作は、ドイツ統一以前にも西ドイツや東ドイツで見られました。

　近年では『ゲーテなんてクソくらえ』（2013年）やその続編『ゲーテなんてクソくらえ2』（2015年）が、大きな注目を集めました。ほかにも俳優であり監督であるティル・シュヴァイガーのコメディー作品はいつもヒットを飛ばしています。とくに彼の『デア・ベヴェークテ・マン』（1994年）、『カインオーアハーゼン』（2007年）そして『ホーニヒ・イム・コプフ』（2014年）は、映画館で多くの観客を魅了しました。これらすべての映画は、ロマンティックでありながらも、多くの観客の笑いを誘いました。

　もっとシリアスな映画を好む方に、それでもナチス時代や東ドイツ時代を扱った作品以外では、たとえば『ノッキン・オン・ヘブンズ・ドア』（1997年）、『es［エス］』（2001年）あるいは『白いリボン』（2009年）をおすすめします。

　日本で知られているドイツ映画では、『U・ボート』（1981年）、『ネバーエンディング・ストーリー』（1984年）、『ラン・ローラ・ラン』（1998年）そして『ヒトラー〜最期の12日間〜』（2004年）が挙げられると思います。

Einspielergebnis	興行収入成績
Komponente	構成要素

> **Gibt es denn eigentlich auch Filme aus Deutschland, die in Japan spielen?**

J Gibt es denn eigentlich auch Filme aus Deutschland, die in Japan spielen?

D Klar, sogar jede Menge! Japan ist schließlich ein ziemlich exotisches Land, das eignet sich gut für alle möglichen Filmaufnahmen. Die Regisseurin Doris Dörrie hat viele Filme gedreht, die in Japan spielen. Sie gehört zu den renommiertesten deutschen Filmemacherinnen.

J Was denn für Filme?

D Zum Beispiel drehte sie im Jahr 2000 die Komödie „Erleuchtung garantiert", in der es um zwei ungleiche Brüder geht, die in Japan nach Erleuchtung suchen. Da spielt auch Uwe Ochsenknecht mit, das ist ein ziemlich bekannter Schauspieler in Deutschland.

J Und sonst so?

D Und dann gab es da noch „Kirschblüten – Hanami". Den haben in Deutschland über eine Millionen Menschen gesehen.

J Wow! Das sind ja ganz schön viele! Und worum geht es da?

D Ich will dir ja nicht zu viel verraten von der Story, aber der erste Teil des Films spielt in Deutschland und erinnert stark an „Tokyo Monogatari". Und im zweiten Teil des Films fliegt der Hauptdarsteller nach Tokyo und lernt dort eine Butoh-Tänzerin kennen. Der Film ist wirklich sehr berührend und hat daher sehr viele Besucher in die Kinos gelockt.

J Aber ist das denn ein realistisches Japanbild, das da vermittelt wird?

D Tja, dafür musst du dir den Film schon selbst angucken.

J Gerne. Gibt's den denn auf Japanisch?

D Leider nicht... aber so gut, wie du Deutsch sprichst, kannst du es doch mal auf Deutsch versuchen. Wenn du zusätzlich noch die deutschen Untertitel anmachst, ist das bestimmt auch eine gute Hörübung.

日本を舞台にしたドイツ映画もありますか？

日 日本を舞台にしたドイツ映画もあるかな？

ド たくさんあるよ。日本はとにかくかなりエキゾチックな国なので、映画撮影に向いているんだ。ドリス・デリエ監督は日本を舞台に多くの映画を撮っています。彼女は最も定評のあるドイツ人監督のひとりなんだ。

日 どんな映画かな？

ド たとえば 2000 年の『MON-ZEN（ドイツ語タイトルは Erleuchtung garantiert）』というコメディー映画で、悟りを求めて日本に来た 2 人の兄弟の物語だよ。ドイツで著名な俳優ウーヴェ・オクセンクネヒトが出演しているよ。

日 ほかには？

ド ほかに『Hanami』もありますね。ドイツで 100 万人以上が見たんだ。

日 わぁ、それはかなり多いね。どんな話？

ド ネタバレさせたくはないけども、映画の前半はドイツが舞台で、『東京物語』を彷彿とさせているね。後半、主人公は東京に飛び、舞踏家の女性と知り合うんだ。とても感動的で、それゆえ多くの人が映画館を訪れたんだよ。

日 そこで描かれているのは、リアルな日本像なの？

ド そうだね、それは自分の目で確かめなくっちゃ。

日 そうしよう。じゃあ、邦訳もあるんだね？

ド 残念ながらないんだ…。ドイツ語ができるなら、ドイツ語で見てみたらどう？ ドイツ語字幕をつけたら、聞き取りのいい練習にもなると思うよ。

45 どんなバンドが注目されていますか？
Welche deutschen Bands sind in letzter Zeit angesagt?

Nachdem lange Zeit in Deutschland hauptsächlich nur auf englisch gesungen wurde, kam mit der „Neuen Deutschen Welle" in den 80er Jahren wieder der Trend auf, in der eigenen Sprache zu singen. Zu den bekanntesten Vertretern dieses Genres gehörten Nena, „Geier Sturzflug", „Trio" und Peter Schilling. Vor allem Nenas „99 Luftballons" brachte es zu beträchtlichen internationalen Erfolgen. Aus Österreich war der Sänger Falco sehr bekannt im angelsächsischen Raum.

Anschließend schafften es auch andere deutsche Künstler, die nicht der Stilrichtung „Neue Deutsche Welle" zuzuordnen waren, sich mit ihren deutschen Texten in die Herzen der Fans zu singen. Zu ihnen gehören unter anderem „Die Ärzte", „Die Toten Hosen" und Herbert Grönemeyer. Aus dem Genre des Schlagers sind u. a. Jürgen Drews und Wolfgang Petry zu nennen, die seit vielen Jahrzehnten aktiv sind.

Auch kommt man an Nina Hagen, den „Scorpions" und Max Raabe nicht vorbei, wenn man über deutsche Musik spricht. Ebenfalls kennt fast jeder Deutsche Bands wie „Böhse Onkelz", „Fettes Brot", „Puhdys" und „Die Fantastischen Vier". Nach der Jahrtausendwende machten vor allem Bands wie „Juli", „Silbermond" und „Wir sind Helden" mit ihren frischen und neuen Liedtexten auf sich aufmerksam. Außerdem erzielten Bands wie „2raumwohnung" (Elektropop), „Echt" (Indie Pop) und „Blumentopf" (Hip-Hop) große Erfolge. Im Ausland zählt nach wie vor „Rammstein" (Neue Deutsche Härte) zu einer der bekanntesten Bands. Auch „Unheilig" oder „Oompf!" sind Vertreter dieses Genres.

ドイツでは長らく大部分を英語だけで歌う時代があり、その後1980年代になってようやく「ノイエ・ドイチェ・ヴェレ（ジャーマン・ニューウェイブ）」が到来し、自国語で歌う流れがやってきました。このジャンルの代表格として、ネーナ、ガイヤー・シュトゥルツフルーク、トリオ、そしてペーター・シリングが挙げられるでしょう。とくに、ネーナの「ロックバルーンは99」は国際的な大ヒット曲になりました。オーストリア出身の歌手ファルコは、英語圏でとても知られています。

　続いて、「ノイエ・ドイチェ・ヴェレ」とは違った音楽性でファンの心にドイツ語で歌いかけるアーティストたちが登場しました。これには、ディ・エルツテ、ディ・トーテンホーゼンそしてヘルベルト・グレーネマイヤーなどがいます。シュラーガーというジャンルでは、ユルゲン・ドレーフスやヴォルフガング・ペトリなど、長年活躍している歌手がいます。

　ドイツ音楽といえば、ニーナ・ハーゲン、スコーピオンズそしてマックス・ラーベも忘れてはなりません。同じく、ベーゼ・オンケルツ、フェッテス・ブロート、プーディースそしてディ・ファンタスティッシェン・フィアといったバンドも、ほとんどのドイツ人に知られています。2000年代になると、ユーリ、ジルバーモント、ヴィア・ズィント・ヘルデンなどのバンドが新鮮で新しい歌詞で人気を呼んでいます。それ以外にも、ツヴァイ・ラウム・ヴォーヌンク（エレクトロポップ）、エヒト（インディーポップ）、そしてブルーメントプフ（ヒップホップ）がヒットを飛ばしました。外国では、長らくラムシュタイン（ノイエ・ドイチェ・ヘルテ）が最も知られたバンドです。このジャンルでは、ウンハイリッヒやウームプフ！も代表格です。

es zu ... bringen	〜に至る
auf sich aufmerksam machen	人気を呼ぶ
Schlager	シュラーガー
	（ドイツ語の歌謡曲の1ジャンル）
Vertreter	代表

Welche erfolgreichen deutschen Bands gibt es, die auf englisch singen?

J Gab es während der Zeit der „Neuen Deutschen Welle", wo alle auf deutsch gesungen haben, denn auch erfolgreiche Bands, die auf englisch gesungen haben?

D Klar, zum Beispiel das Duo „Modern Talking" - ihre Lieder sind zwar sehr bekannt und jeder hat sie mindestens schon einmal im Radio gehört. Allerdings macht besonders Dieter Bohlen mit seinen peinlichen TV-Auftritten immer wieder von sich reden. Deswegen sind sie allgemein als lächerlich verschrien. Wenn man sich da als Fan outen würde, würde man selbst zur Lachnummer werden.

J Okay, das wusste ich nicht. Und was ist mit „Tokio Hotel"?

D Die Band war bei ihrem ersten Riesenhit „Durch den Monsun" noch ziemlich jung. Viele fanden die Stimme des Sängers Bill unreif und egal wo die Band auftauchte, gab es kreischende und heulende weibliche Teenager. Das wirkte auf Außenstehende sehr befremdlich. Später gab es außerdem einige Skandale um Sex und Drogen. Das kommt natürlich auch nicht gut an.

J Aber ich denke, die haben so viele Platten verkauft?

D Ja, stimmt schon. Das ist vermutlich wie mit der BILD-Zeitung. Niemand würde zugeben, dass er sie liest, aber irgendwie ist es trotzdem die meistverkaufte Tageszeitung Deutschlands...

J Die Deutschen sind also sehr auf ihr Image bedacht?

D Auf jeden Fall! Besonders junge Menschen identifizieren sich stark über die Musikrichtung, die sie hören. Je nachdem, welche Musik man hört, zieht man sich auch anders an und man ändert diesen Stil nicht einfach so schnell wieder.

英語で歌って成功しているバンドは何ですか？

日 皆がドイツ語で歌う「ノイエ・ドイチェ・ヴェレ」の中で、英語で歌って成功したバンドもいましたか？

ド モダン・トーキングという２人組については、彼らの曲は有名だし、誰もがラジオで一度は聞いたことがあります。しかし、ディーター・ボーレンが残念なテレビ出演で注目を集めました。だから一般的にはばかばかしいとけなされているんです。彼らのファンであると公表することは、ひょっとしたら自分も笑い者になるかもしれないということです。

日 そうなんだ、知らなかった。トキオ・ホテルは？

ド このバンドは、「モンスーンを越えて」が最初の大ヒットを飛ばしたとき、まだとても若かったんです。多くの人はボーカルのビルの歌声は未熟だと感じ、バンドを見て10代の女の子がキャーキャーと騒ぎ立てました。それが部外者には奇妙に映りました。さらに、幾度かのセックスや麻薬スキャンダルもありました。もちろんこれもまた悪印象でした。

日 でも、よく売れたんでしょう？

ド そうですね。大衆紙『ビルト』と同じことですよ。誰も自分が読者だとは言いません。実はドイツで最も売れている新聞なんですが…。

日 つまり、ドイツ人は体裁を気にするんですね？

ド もちろんです！ とくに若い人たちは聞いている音楽を通してアイデンティティーを作っています。どんな曲を聞いているかによって、服装も変わりますし、簡単にそのスタイルを変えることはできません。

46 ドイツ人が映画で悪役になることをどう思う？
Wie finden die Deutschen es, dass sie ständig die Rolle der Bösewichte in Filmen spielen?

Es gibt zahlreiche (vor allem amerikanische) Filme, in denen die Hauptdarsteller gegen Nationalsozialisten kämpfen müssen. Dazu gehören zum Beispiel „Indiana Jones und der letzte Kreuzzug" (1989) oder „Inglourious Basterds" (2009). Diese sind jedoch meistens so abstrakt gezeichnet, dass sich vermutlich wenige Deutsche damit identifizieren können. Diese und andere Hollywood-Streifen sind sehr actionlastig und benötigen für den Schlagabtausch zwischen Gut und Böse einfach nur einen Bösewicht, der den Helden noch besser dastehen lässt. Es könnten hier also genauso gut Russen oder Islamisten diese Rolle übernehmen. In Hinblick auf aktuelle politische Ereignisse eignen sich Nazis jedoch besser, da sie das personifizierte Böse darstellen.

Wenn es jedoch um Filme geht, die auf wahren Tatsachen basieren wie „Das Leben ist schön" (1997) aus Italien, „Schindlers Liste" (1993) aus den USA oder „Auf Wiedersehen, Kinder" (1987) aus Frankreich, sieht es natürlich anders aus. Bei so emotional aufwühlenden Werken fühlt man sich als Deutscher meist irgendwie mitschuldig, auch wenn man zu dieser Zeit noch gar nicht gelebt hat. Sie lassen einen unweigerlich darüber nachdenken, wie man selbst gehandelt hätte, wenn man in dieser Zeit gelebt hätte.

Auch die Deutschen selbst produzieren viele Filme, die zur Zeit des Nationalsozialismus spielen. Zu den bekanntesten und aufwändigsten gehören sicherlich „Der Untergang" oder „Das Boot". Das Thema ist also mitnichten ein Tabu, doch natürlich für keinen Deutschen eine leichte Kost.

主役がナチスと対決するような数多くの映画（とりわけアメリカ映画）があります。たとえば、『インディ・ジョーンズ　最後の聖戦』（1989年）あるいは『イングロリアス・バスターズ』（2009年）などです。しかし、これらはあまりにデフォルメされて描かれているので、おそらくほとんどのドイツ人はそれを自分たちのことだとは受け止めません。これらの作品やほかのハリウッド映画はアクションに重きを置き、善と悪の対決のために英雄を際立たせるために悪の存在を必要とします。同様にロシア人やイスラム教徒もこの役割を背負わされることもありえます。しかし、今現在の政治状況を考慮すれば、具現化させた悪を映し出す場合、ナチスを登場させるほうが便利です。

　しかし、イタリア映画『ライフ・イズ・ビューティフル』（1997年）、アメリカ映画『シンドラーのリスト』（1993年）あるいはフランス映画『さよなら子供たち』（1987年）のように事実に基づいた映画に関していえば、事情は異なってきます。感情を揺さぶる作品では、その時代に生きていなくても、ドイツ人の多くはなんらかの罪悪感を覚えます。当時、生きていたとしたら自分はどのように振る舞うだろうかと否応なく考えてしまうのです。

　ドイツ人自身も、ナチ時代を扱った映画をたくさん制作しています。最もよく知られ、莫大な製作費をかけた作品として、『ヒトラー〜最期の12日間〜』や『U・ボート』が当然挙げられるでしょう。つまりこのテーマは決してタブーではないのです。もちろんドイツ人はこれらを気軽に楽しむわけではありませんが。

Hollywood-Streifen	ハリウッド映画
actionlastig	アクション重視の
Bösewicht	悪人
auf … basieren	〜に基づく
aufwühlend	心揺さぶる
unweigerlich	避けられない
mitnichten	決して〜ない
leichte Kost	気軽に楽しめるもの

Wie werden denn Japaner in deutschen Filmen dargestellt?

J Wie werden denn Japaner in deutschen Filmen dargestellt?

D Ich denke, das Japanbild in Filmen ist vor allem vom „Geist der Samurai" geprägt. Japaner gelten als loyal, selbstlos und diszipliniert. Das sind die positiven Eigenschaften. Wenn es allerdings um die Problematik des Zweiten Weltkriegs geht, wird eigentlich fast immer das Kamikaze-Selbstmordkommando thematisiert. Hier sind die Japaner dann fanatisch und erbarmungslos, wenn es darum geht, dem Kaiser zu gehorchen.

J Oje, eigentlich möchte ich nicht unbedingt, dass so ein verzerrtes Bild von Japan im Ausland besteht...

D Da kann man nichts machen. Aber ich denke, inzwischen gibt es ein differenzierteres Japanbild in Filmen. Dazu hat unter anderem das berühmte Filmfestival „Nippon Connection" beigetragen. Das ist das größte Festival für japanischen Film weltweit. Es findet einmal pro Jahr in Frankfurt statt und jedes Mal werden hunderte von Filmen gezeigt. Ursprünglich wurde es mal von Studenten ins Leben gerufen und wird auch jetzt zum größten Teil von Freiwilligen organisiert.

J Und wie viele Leute kommen da so?

D Meistens so um die 15.000 Menschen.

J Wow, das sind ja ganz schön viele.

D Ich finde auch, dass das eine ganz unglaubliche Leistung ist. Der Festivalleiterin Marion Klomfaß wurde vor ein paar Jahren sogar eine Verdienstauszeichnung des japanischen Außenministers verliehen!

日本人はドイツ映画の中ではどう描かれていますか？

日 ドイツ映画では、日本人ってどのように描かれているのかな？

ド 映画に登場する日本のイメージはなんといっても「武士道」だね。日本人は、忠誠心があり、私欲がなく、規律正しいとされているね。つまり、ポジティブなキャラクターってこと。ただ、第二次世界大戦の話題では、ほとんどいつも神風特攻隊がテーマになるね。そこでは日本人は、天皇に従うこと関しては、狂信的で、冷酷に描かれているよ。

日 海外にそういう歪んだ日本像があるなんて…。

ド しょうがないよ。でも、最近では映画にもさまざまな日本像があると思う。それには、有名な映画祭「ニッポン・コネクション」の貢献が大きいね。日本映画の世界最大の祭典だよ。年に1回フランクフルトで開かれ、毎回数多くの映画が上映されるんだ。もともとは学生が始めたものだけども、今でも大部分がボランティアによって支えられているんだ。

日 どのくらいの人が訪れるの？

ド だいたい毎回15,000人くらいだね。

日 ずいぶん多いね。

ド 大成功を収めているみたいだね。この映画祭をコーディネートしているマリオン・クロムファスは、数年前に日本の外務省から功労賞を授与されたんだ！

47 最も有名なオペラ劇場やオーケストラは？
Welches sind die berühmtesten Opernhäuser und Orchester in Deutschland?

Nicht nur die österreichische, sondern auch die deutsche Musikwelt genießt in der Welt hohes Ansehen. Doch generell ist in der Landes- und Kommunalpolitik ein umfassender Kulturabbau an der Tagesordnung, so dass viele Einrichtungen mit finanziellen und personellen Kürzungen zu kämpfen haben und auch renommierten Häusern teilweise die Schließung droht.

Unter diesen Umständen versuchen viele Opernhäuser und Konzerthallen sich etwas einfallen zu lassen, um vor allem ein neues, junges Publikum anzulocken. Es gibt viele besondere Workshops, die das Ziel haben, Kinder und Jugendliche für ein kulturelles Programm zu interessieren. Außerdem gibt es natürlich spezielle Ermäßigungen für Schüler, Studenten und Azubis, um bereits im jungen Alter eine Bindung an die verschiedenen Institutionen zu schaffen.

Das vermutlich berühmteste Opernhaus Deutschlands ist die Semperoper in Dresden. Durch ihre Lage im historischen Stadtkern und die überwältigende Akustik ist sie weitläufig bekannt und beliebt und bietet sowohl im architektonischen als auch musikalischen Sinne ein besonderes Erlebnis für die Besucher. Sie beherbergt die Sächsische Staatsoper, die Staatskapelle und das Semperoper Ballett.

Im Gegensatz dazu hat das fast ebenso berühmte Festspielhaus in Bayreuth kein festes Ensemble im Haus. Doch da hier jeden Sommer die Wagner-Festspiele und auch sonst viele Veranstaltungen mit Wagner-Bezug stattfinden, richten sich einmal im Jahr alle Augen des musikalischen In- und Auslands auf diesen Ort in Oberfranken. Die Tickets sind meistens innerhalb kürzester Zeit ausverkauft.

Das berühmteste Orchester Deutschlands sind vermutlich die Berliner Philharmoniker, die zu den Besten der Welt zählen.

オーストリアのみならず、ドイツの音楽界も世界の評価は高いです。しかし一般的に、州や自治体の政治では、全体的な文化予算の縮小が議論の対象となっており、多くの施設や団体は予算削減やリストラと向き合わねばなりませんし、名の知れた施設も場所によっては閉鎖される恐れがあります。

　このような状況下、多くのオペラ劇場やコンサートホールは、とくに新たな若い聴衆を獲得するために何らかの打開策を講じています。子どもたちや若者に文化的なプログラムに興味を持ってもらえるような多くの特別なワークショップが開催されています。それ以外にも、生徒、学生、職業訓練中の人々には、若いうちから数々の施設に足を向けてもらえるように、特別割引きが設けられています。

　おそらくドイツで最も有名なオペラ劇場は、ドレスデンのゼンパー歌劇場でしょう。歴史的な都市中心部に位置し、圧倒的な音響効果によって、この劇場はその名を轟かせ、ファンも多く、建築的にも音楽的にも訪れる人に特別な体験を提供しています。この劇場は、ザクセン州立オペラ、シュターツカペレそしてバレエ劇団の本拠地となっています。

　他方で、ほぼ同じく有名なバイロイトの祝祭劇場は所属楽団を持っていません。しかし、ここでは毎年夏にヴァーグナーの音楽祭が開催され、そのほかにもヴァーグナー関連のイベントもたくさん開催されるので、1年に1回、国内外の音楽ファンがこのオーバーフランケンの地に注目するのです。入場チケットは、たいていの場合、あっという間に売り切れてしまいます。

　おそらくドイツで最も有名なオーケストラは、世界でも有数のオーケストラ、ベルリン・フィルハーモニーでしょう。

an der Tagesordnung sein	日常茶飯事だ
renomiert	定評のある
sich etwas einfallen lassen	考え出す
Azubi	見習い（研修生）
Institution	公共の機関
Akustik	音響効果
weitläufig	広々とした
beherbergen	場所を提供する、〜がある

Was sind denn die Lieblingsopern der Deutschen?

J Was sind denn die Lieblingsopern der Deutschen?

D Das lässt sich natürlich schwer sagen. Also unter Kindern ist das vermutlich „Die Zauberflöte" von Mozart. Die ist nicht so schwer zu verstehen und wird auch fast immer und überall aufgeführt.

J Das dachte ich mir fast. Und was schauen sich Erwachsene gern an?

D Ich denke, von den deutschen Komponisten dürften das „Fidelio" von Ludwig van Beethoven und „Der Rosenkavalier" von Richard Strauss sein.

J Und was ist mit Wagner? Ich denke, die Wagner-Festspiele sind jedes Jahr so ein Riesenereignis.

D Wagners beliebteste Oper ist vermutlich „Lohengrin", aber „Tristan und Isolde" ist auch immer gut besucht. Das Problem mit Wagner ist halt, dass die Nazis so eine große Vorliebe für Wagner hatten. Seine Musik wurde oft zu Propagandazwecken eingespielt und die Führungsspitze der Nazis ging bei der Familie Wagner ein und aus. 1944 verschlechterte sich die Kriegssituation und nach und nach wurden alle Vergnügungsveranstaltungen abgeblasen, doch Wagner war die letzte Opernvorführung des Dritten Reichs. Deswegen haftet ihm irgendwie immer so ein nationalistisches Image an. Und Wagner selbst hat ja auch antisemitische Schriften veröffentlicht...

J Ah, ich verstehe. Da kann man vermutlich als Deutscher nicht ganz unbefangen rangehen... und wie sieht es mit ausländischen Komponisten aus?

D Hier sind natürlich die Italiener ganz groß. Verdis „Aida" und „La Traviata" kennt man auch, wenn man sonst kein Opernfan ist. Und von Puccini werden glaube ich „La Bohème" und „Tosca" am häufigsten gespielt.

ドイツ人の好きなオペラって何ですか？

日 ドイツ人の好きなオペラって何ですか？

ド 難しいですね。子どもたちの間でしたら、モーツァルトの『魔笛』でしょうか。理解するのはそんなに難しくありませんし、いつでもどこでも上演されていますしね。

日 やはりそうでしたか。大人は何が好きですか？

ド ベートーヴェンの『フィデリオ』かR・シュトラウスの『ばらの騎士』でしょうか。

日 ヴァーグナーはどうですか？ ヴァーグナー音楽祭は毎年一大行事ですよね。

ド ヴァーグナーの作品の中で一番人気なのはたぶん『ローエングリン』ですが、『トリスタンとイゾルデ』もよく見られています。ヴァーグナーの問題は、ナチスが彼をとてもひいきにしていたことですね。彼の曲はプロパガンダ目的でよく演奏されましたし、ナチ党幹部はヴァーグナー家と親交がありました。1944年に戦況が悪化すると、次第に娯楽の興業は廃れましたが、ヴァーグナーは第三帝国で上演された最後のオペラでした。それゆえ、彼にはなんとなく国粋主義的なイメージがつきまといます。ヴァーグナー自身にも反ユダヤ主義的な著作がありますし…。

日 なるほど。ドイツ人としては不用意に近づけないんですね。外国の作曲家はどうですか？

ド もちろんイタリア人が多いですね。ヴェルディの『アイーダ』に『椿姫』はオペラファンでなくても知っています。プッチーニでは『ラ・ボエーム』と『トスカ』が一番上演されますね。

キーワード④

Schalke 04

　ドイツのサッカーチーム。正式名称はホームの都市名を入れたゲルゼンキルヒェン・シャルケ 04。この「04」からわかるように、1904 年に設立された。これは、ドイツのサッカーチームとしては初期に分類される。また、ゲルゼンキルヒェンは炭鉱都市であり、労働夫の余暇として、そして都市のアイデンティティーとして本チームは存在している。日本人選手では、東日本大震災の被災者へのメッセージを日本語・ドイツ語でシャツに書いたことが話題になった内田篤人選手が有名。

Konrad Koch

　コンラート・コッホ（1846 ～ 1911）は、ブラウンシュヴァイクのドイツ語およびラテン語の教師。イギリス滞在後にドイツに初めてサッカーを伝えた人物とされ、ルールの翻訳などを行った。彼を主人公（演じたのはダニエル・ブリュール）とする映画『コッホ先生と僕らの革命』が制作され、同作は日本でも 2012 年に公開された。

Berliner Philharmoniker

　ベルリン・フィルハーモニー管弦楽団。ベルリン・フィルハーモニーを本拠地とするオーケストラで、1882 年に結成した。戦後ではドイツ統一の前年まで本オーケストラを率いた指揮者としてヘルベルト・フォン・カラヤンが有名で、日本でも広く知られている。毎年、大晦日にコンサートを行っている。また、本オーケストラのサイトでは、ライブ映像や録画映像などもインターネット上で楽しむことができる。

その他
第5章
Sonstiges

48 ドイツ人は日本に興味がありますか？
Haben Deutsche Interesse an Japan?

Es wird oft davon gesprochen, dass Japaner ein größeres Interesse an Deutschland haben als Deutsche an Japan. Vielleicht hat das historische Gründe. Denn Deutschland und Japan begegneten sich vor ca. 150 Jahren nicht auf Augenhöhe, sondern es war ein klares Schüler-Lehrer-Verhältnis. Nach einigen turbulenten Jahrzehnten und dem verlorenen Zweiten Weltkrieg, standen beide Länder wieder ganz am Anfang.

Doch während in Japan das Erlernen der deutschen oder französischen Sprache an vielen Universitäten Pflicht war, gab es in Deutschland kaum jemanden, der Japanisch sprach. Japan blieb für viele Deutsche ein exotisches Land im fernen Osten. In dieser Zeit drang hauptsächlich das Image von Teezeremonie, Bonsai und dem Fuji-san (damals oft noch „Fudschijama" geschrieben) nach Deutschland. Auch japanische Historienfilme von Akira Kurosawa waren unter Kennern beliebt. Allerdings wurde die Beschäftigung mit dem Land über lange Zeit hinweg eher als etwas Ausgefallenes angesehen.

Seit den 70er Jahren verbreitete sich auch zunehmend der japanische Kampfsport vor allem bei Jugendlichen. Karate, Aikido und Judo wurden vielerorts unterrichtet und erfreuten sich großer Beliebtheit. Seit dem Siegeszug von Anime & Manga in den letzten Jahrzehnten gibt es immer mehr junge Leute, die sich für Japan begeistern. Auch japanische Popmusik (z.B. Arashi und Kyary Pamyu Pamyu) und Musik der Stilrichtung „Visual Kei" haben in Deutschland eine große Fangemeinde.

In Japan wird also das vergleichsweise sinkende Interesse der Jugend an Deutschland beklagt, doch in Deutschland ist es genau umgekehrt: Junge Leute fühlen sich von „Cool Japan" angezogen, wobei es bei der älteren Generation eher wenige Leute gibt, die eine Verbindung zu Japan haben.

ドイツ人が日本に対して抱く関心よりも、日本人のドイツに対する興味関心のほうが大きい、そのように言われることがしばしばあります。ひょっとしたら、そこには歴史的な理由があるのかもしれません。というのも、ドイツと日本は約150年前には同じ立場で出会ったのではなく、それははっきりとした師弟関係としてでした。動乱の数十年が過ぎ、そして敗れ去った第二次世界大戦の後に、両国は同様に出発点に立ちました。

　しかし、日本ではドイツ語あるいはフランス語を習得することが多くの大学で必修とされていたのに対して、ドイツでは日本語の話者はほとんどいません。多くのドイツ人にとって日本は極東のエキゾチックな国のひとつであり続けました。当時は、主に茶の湯（茶道）、盆栽、富士山（当時はしばしばフジヤマとも書かれました）のイメージがドイツに伝わりました。同時に、黒澤明などの日本の時代劇は、日本通の中で人気を博しました。とは言っても、日本との関わりあいは、長い間、ちょっと変わったものとして受け止められていた。

　1970年代から、徐々に日本の格闘スポーツが若者の間で広まっていきました。空手、合気道そして柔道はさまざまな場所で教えられ、そして大きな人気を呼びました。ここ数十年、アニメ・マンガが一大ブームとなって以来、日本に強く惹かれる若者たちが増え続けています。日本のポップミュージック（たとえば、嵐やきゃりーぱみゅぱみゅ）や「ビジュアル系」というスタイルの音楽は、ドイツで大規模なファン集団を生み出しているのです。

　つまり、日本ではこれと比較して若者のドイツへの関心低下が嘆かれているのに対して、ドイツではまったくその逆です。年配世代では日本に親しみを感じている人が少ない一方で、若者は「クールジャパン」に魅力を感じているのです。

Augenhöhe	目の高さ
der Ferne Osten	極東
Siegeszug	凱旋行進（ここでは「一大ブーム」）
Fangemeinde	ファン集団

> **Gibt es denn neben den ganzen Manga auch andere japanische Bücher in Deutschland?**

J Gibt es denn neben den ganzen Manga auch „richtige" Bücher?

D Klar, es gibt viele Schriftsteller, die ins Deutsche übersetzt wurden. Bereits vor vielen Jahrzehnten gab es Übersetzungen japanischer Nobelpreisträger wie Yasunari Kawabata und Kenzaburo Oe. Ihre berühmten Werke liegen fast alle in Übersetzung vor.

J Und wie sieht es mit aktueller Literatur aus?

D Wie überall auf der Welt sind auch in Deutschland die Romane von Haruki Murakami sehr bekannt und verkaufen sich gut. Außerdem hat sich Banana Yoshimoto einen Namen gemacht. Besonders ihr Roman „Kitchen" wurde von vielen Deutschen gelesen. Außerdem gibt es ihn auch als Hörbuch. Es gibt übrigens auch japanische Schriftsteller, die vorwiegend auf Deutsch schreiben, wie zum Beispiel Yoko Tawada. Ihre Romane haben ebenfalls einen gewissen Bekanntheitsgrad.

J Wenn man das Stichwort „Japan und Deutschland" hört, denkt man doch gleich an Autos, dafür sind beide Länder schließlich sehr bekannt. Wie sieht es denn mit Autos aus? Das ist doch sicher für Japaner ein schwer zu erobernder Markt.

D Noch vor 40 Jahren war das tatsächlich so. Damals hatten japanische Autos nur einen Marktanteil von 1-2 Prozent am deutschen Markt. Für die Deutschen war und ist ihr Auto ein wichtiges Statussymbol und gerade durch die teilweise nicht vorhandene Geschwindigkeitsbegrenzung auf deutschen Autobahnen wurden hohe Anforderungen an das „Lieblingsspielzeug" der Deutschen gestellt. Doch da die japanischen Autos ein gutes Preis-Leistungs-Verhältnis haben, haben sie inzwischen einen festen Platz auf dem deutschen Markt.

J Das heißt, japanische Autos werden nicht mehr als Rivalen wahrgenommen?

D Doch, doch! Volkswagen und Toyota wetteifern jedes Jahr darum, wer in diesem Jahr die meisten Umsätze auf dem Automarkt macht.

マンガ以外に読まれている日本文学はありますか？

日 マンガだけじゃなくて、いわゆる「ふつうの」文学もありますか？

ド もちろん、多くの作家の作品がドイツ語に訳されています。川端康成や大江健三郎などの日本人ノーベル賞作家の翻訳はもう何十年も前からあります。彼らの著名な作品はほぼすべて、翻訳で読むことができます。

日 じゃあ、現代文学は？

ド 世界のほかの国と同様、ドイツでも村上春樹の小説はとても有名でよく売れています。そのほかには、吉本ばななが評価を高めています。とくに彼女の『キッチン』は多くのドイツ人に読まれました。オーディオブックにもなっていますね。主にドイツ語で作品を書いている多和田葉子などの日本人作家もいます。彼女の作品もけっこう知名度が高いですよ。

日 「日本とドイツ」というキーワードで言えば、車が思い浮かびますね。両国ともにこの分野では有名ですよね。車に関してはどうでしょうか？ただし、日本にとってなかなか食い込みにくい市場だと思いますが。

ド 40年前ならそうも言えたでしょう。当時、ドイツにおける日本車のシェアは1〜2％程度にすぎませんでした。ドイツ人にとって、車は昔も今も大切なステイタスシンボルですし、速度制限が部分的にないアウトバーンがあることで、このドイツ人の「大好きなおもちゃ」には高いスペックが求められています。日本車はコストパフォーマンスがすぐれているので、今日ではドイツ市場で確たる位置を占めています。

日 日本車はもうライバル視されていないということですか？

ド いえいえ！　フォルクスワーゲンとトヨタは、毎年どちらが最高売上を達成するかで競ってますよ。

49 標準的なドイツ語が話されているのはどこ？
Wo wird Hochdeutsch gesprochen?

Das heutige Deutschland bestand bis vor ca. 150 Jahren noch aus vielen kleinen Königreichen und Fürstentümern, daher gibt es viele regionale Dialekte. Das Deutsch, welches Nachrichtensprecher im Fernsehen verwenden, wird heutzutage als Standarddeutsch angesehen. Oft hört man, dass in Hannover und Umgebung das reinste Hochdeutsch gesprochen wird. Doch auch dort ist die Sprache regional gefärbt.

Im Duden ist festgelegt, wie jedes deutsche Wort auszusprechen ist. Allerdings wird diese Norm nirgendwo in Deutschland komplett eingehalten und es gibt überall regionale Abweichungen. Generell kann man jedoch sagen, dass man im Norden näher an der Standardsprache dran ist als im Süden. Deswegen haben Deutschlerner manchmal Schwierigkeiten, sich im ländlichen Bayern zu verständigen – aber auch deutsche Muttersprachler sind oft aufgeschmissen, wenn sie auf einen „Urbayern" treffen.

Auch durch die lange Teilung zwischen West- und Ostdeutschland sind viele sprachliche Eigenheiten entstanden. Zum Beispiel hieß der „Supermarkt" im Osten „Kaufhalle", ein „T-Shirt" war ein „Nicki" und hinter dem Begriff „Broiler" verbirgt sich ein „Brathähnchen".

Im Allgemeinen ist der Trend festzustellen, dass traditionelle Dialekte immer häufiger nur noch von älteren Sprechern verwendet werden. Die deutsche Sprache wird also insgesamt immer einheitlicher. Allerdings bilden sich vor allem in den Großstädten bedingt durch die erhöhte Mobilität und die vermehrte Ab- und Zuwanderung neue Dialekte, sogenannte Metrolekte.

今から約150年前まで、現ドイツ地域には小さな王国と候国が存在していました。ですから、たくさんの方言があります。テレビでニュースのアナウンサーが用いているドイツ語は、現在、標準的なドイツ語だと見なされています。ハノーファーやその近郊で、最も純粋な標準ドイツ語が話されていると、しばしば耳にします。しかしそれもまた地方色に彩られているのです。

　辞書『ドゥーデン』では、それぞれのドイツ語の単語がどのように発音すべきかがしっかりと決められています。しかし、ドイツ国内でこの基準が完璧に当てはまるところはありませんし、そこらかしこに地域差があるのです。それでも一般的には、北のほうが南よりも標準語に近いと言われます。だから、ドイツ語学習者はバイエルンの田舎ではしばしば意思疎通がしづらかったりします。しかし、ドイツ語母語話者もまた、「生粋のバイエルン人」に出会うと、お手上げだということもあります。

　東西ドイツの長きにわたる分断もまた、言語的な特異性を生み出しました。たとえば、「スーパーマーケット」は東ドイツでは「カウフハレ」で、「Tシャツ」は「ニッキー」と呼ばれました。そして、「ブロイラー」という言葉は「ローストチキン」を意味します。

　一般的に、伝統的な方言は高齢者によってのみ話される傾向があります。つまり、ドイツ語はより画一的になりつつあるのです。とりわけ、大都市では流動性が高まり、移住が頻繁に行われることを背景にして、新しい方言、いわゆる「メトロレクト（都会語）」も生まれています。

einhalten	守る
Abweichung	逸脱
aufgeschmissen	お手上げ状態の
sich verbergen	隠す
Metrolekt	メトロレクト、都会語

> **Verstehen sich die Deutschen bei so vielen Dialekten denn überhaupt untereinander?**

J Verstehen sich die Deutschen bei so vielen Dialekten denn überhaupt untereinander?

D Ja, das ist eigentlich meistens kein Problem. Nur das im ländlichen Bayern gesprochene „Bairisch" ist ein Paradebeispiel für einen für Außenstehende nahezu unverständlichen Dialekt.

J Dann ist dieses Bairisch sicherlich nicht gerade beliebt, oder?

D Im Gegenteil! Für die meisten Deutschen ist Bairisch der Dialekt, der für sie am attraktivsten klingt. Das mag vielleicht auch am gerollten R liegen, welches stärker wird, umso weiter südlich man sich in Deutschland befindet. Die Norddeutschen hingegen können das gerollte R oft gar nicht oder nur mit viel Übung aussprechen.

J Woran erkenne ich denn, welchen Dialekt ein Deutscher spricht?

D Am einfachsten kann man es vermutlich an der Begrüßung erkennen. Die Begrüßung „Grüß Gott" wird man nur im Süden Deutschlands hören, während man sich in Norddeutschland mit „Moin moin" begrüßt. Der norddeutsche Dialekt wird übrigens als am sympathischsten empfunden.

J Und gibt es auch Dialekte, die nicht gemocht werden?

D Laut einer Umfrage mag kaum jemand Sächsisch, es wird als besonders unschön für die Ohren wahrgenommen. Das Wort „nu" (welches fast wie „nü" ausgesprochen wird) bedeutet „ja". Natürlich wird es oft als „nee" missverstanden.

J Wenn Sächsisch so wenig gemocht wird, sprechen es sicherlich immer weniger junge Menschen, oder?

D Ja, vermutlich. Aber das ist ja ein allgemeiner Trend in ganz Deutschland. Nur im Saarland können noch über 90% der Menschen ihren Dialekt fließend sprechen.

ドイツ人はお互い方言で話して理解できますか？

日 ドイツの人は、そんなにたくさんある方言を、いったい全体、お互いに理解できているのでしょうか？

ド はい、実際にはほとんど問題ありません。バイエルン州の田舎で話される「バイエルン方言」だけは、部外者にとってほぼ理解不可能な方言の代表例のひとつです。

日 じゃあ、バイエルン方言はそんなに人気があるわけじゃないってことですか？

ド その逆なんです！　多くのドイツ人にとってバイエルン方言は最も魅力的な響きを持つ方言なんですよ。ひょっとしたら、巻き舌のRの発音にも原因があるのかもしれません。ドイツの南に行けば行くほど、巻き舌にする傾向は強まります。他方で北ドイツ人は、このRがあまりうまくないか、あるいはかなり練習しないとできるようにはなりません。

日 ドイツの人がどの方言を話しているかは、どのようにわかるんですか？

ド 一番簡単なのは、たぶん挨拶を聞くことでしょうね。「グリュースゴット」という挨拶は、南ドイツでしか耳にしませんし、それに対して北ドイツでは「モインモイン」と挨拶しますよ。なお、北ドイツの方言は、最も親しみやすい感じがします。

日 じゃあ、あまり好まれていない方言もあるのですか？

ド ザクセン方言があまり人気がないというアンケート結果があって、そこでは言葉の響きがとくに美しくないとされています。ほかに間違えられやすい言葉として、「ヌー（ほぼ「ニュ」と発音する）」という単語は「ヤー（はい）」を意味します。もちろんこれは、しばしば「ネー（いいえ）」と勘違いされるわけです。

日 あんまりザクセン方言を話したくないのですから、若い人はさらに話したがらないんでしょうね？

ド はい、そうだと思います。でも、方言を話したがらないのは全ドイツ的な現象ですね。ただザールラントだけは、今でも90％以上の人が流暢に方言を話すことができます。

50　ドイツ以外でドイツ語が話されている国は？
Wird Deutsch auch noch in anderen Ländern gesprochen?

Man schätzt, dass es heutzutage ca. 100 Millionen deutsche Muttersprachler gibt. Neben Deutschland (ca. 80 Millionen Einwohner) ist Deutsch auch in Österreich (ca. 8 Millionen Einwohner) und Liechtenstein (ca. 30.000 Einwohner) die offizielle Landessprache.

Außerdem ist Deutsch in der Schweiz ebenfalls eine der offiziellen vier Landessprachen und neben Französisch, Italienisch und Rätoromanisch am weitesten verbreitet. Ungefähr zwei Drittel der Bevölkerung sprechen hier Deutsch als Muttersprache. Allerdings weicht das gesprochene Deutsch der Schweizer oft sehr vom Standarddeutsch ab, so dass es Deutschen schwerfällt, dieses zu verstehen.

Auch in Luxemburg ist Deutsch eine der Amtssprachen neben Luxemburgisch und Französisch. Hinzu kommen viele Sprecher in Südtirol (Italien) und Belgien. Durch zahlreiche Kriege und damit verbundene Verschiebungen der Landesgrenzen, gibt es auch heute noch einige deutsche Muttersprachler in angrenzenden Regionen. Hierzu gehören unter anderem Schlesien (Tschechien) sowie Elsass und Lothringen (Frankreich) . Außerdem gibt es noch ca. 20.000 deutsche Muttersprachler im afrikanischen Namibia, welches vor dem Ersten Weltkrieg eine deutsche Kolonie war und Deutsch auch heute noch als eine Nationalsprache anerkennt.

Weltweit lernen schätzungsweise mehr als 60 Millionen Menschen Deutsch als Fremdsprache, die meisten von ihnen leben in der Europäischen Union. Deutsch ist durch seine hohe Anzahl von Muttersprachlern und Sprechern eine Weltsprache, auch wenn sie lange nicht so verbreitet ist wie die Verkehrssprache Englisch.

今日、だいたい1億人がドイツ語を母語として話していると言われています。ドイツ（人口約8000万人）のほかに、ドイツ語はオーストリア（人口約800万人）そしてリヒテンシュタイン（人口約3万人）の公用語です。
　それ以外にドイツ語は、スイスでは4つの公用語のひとつですし、ほかのフランス語、イタリア語そしてレトロマン語と比べて最も広い範囲に広がっています。ここでは、だいたい住民の3分の2がドイツ語を母語として話しているのです。スイス人によって話されているドイツ語は、ドイツ人も理解するのが困難なくらいに標準ドイツ語とは大きくかけ離れている場合があります。
　ルクセンブルクでも、ルクセンブルク語とフランス語のほかに、ドイツ語も公用語のひとつです。さらに南チロル（イタリア）やベルギーの（ドイツ語）話者が、ここに加わるでしょう。数多くの戦争とそれらの帰結としての国境移動によって、国境近くの地域には今日もまだいくらかのドイツ語母語話者がいます。ここには、とくにシュレージエン（チェコ）やアルザス・ロレーヌ（フランス）が含まれます。それ以外に、第一次世界大戦以前にドイツの植民地のひとつであったアフリカのナミビアには約2万人のドイツ語母語話者がいて、現在もまだ国内で話される言語のひとつとされています。
　見積もりでは、全世界で6000万人以上がドイツ語を外国語として学んでおり、彼らのほとんどがEUに住んでいます。通用語（リンガ・フランカ）である英語ほどには長らくは広まってはいませんが、ドイツ語は、その多数の母語話者や話者によって、世界的な言語なのです。

Landessprache	国語
Muttersprache	母語
Amtssprache	公用語
Nationalsprache	標準語
Weltsprache	国際語
Verkehrssprache	通用語

Lohnt es sich denn immer noch, Deutsch zu lernen?

J Früher war Deutsch ja mal ziemlich wichtig im medizinischen Bereich. Aber lohnt es sich denn immer noch, Deutsch zu lernen?

D Also erst mal finde ich, dass es sich immer lohnt eine Sprache zu lernen. Es erweitert den Horizont und man lernt zugleich auch noch etwas über seine eigene Sprache.

J Ja, na das stimmt schon. Aber mal davon abgesehen – in welchen Bereichen wird denn Deutsch noch verwendet?

D Hmm… mir ist aufgefallen, dass sehr viel Deutsch im Bereich des Bergsteigens vorkommt.

J Oh, stimmt! Da gibt es Gelände, Karabiner, Pickel, Wandervogel, Brocken…

D Ja, ich finde das immer sehr witzig, wenn ich diese ganzen Begriffe höre. Außerdem kommen doch ständig irgendwelche deutschen Wörter in Anime vor.

J Klar, Deutsch klingt halt voll cool!

D Echt? Findest du? Also für mich hört sich meine Sprache ganz normal an.

J Ist doch klar! Du bist ja schließlich Deutscher. Aber für uns klingen Wörter wie „schwarz", „gegangen", „Kugelschreiber" oder „Walpurgis" ziemlich cool. Seit ich Deutsch verstehe, macht das Animegucken noch viel mehr Spaß.

D Ich freue mich wirklich, dass du Spaß am Deutschlernen hast!

今でもドイツ語を勉強することは意味がありますか？

日 かつて、ドイツ語は医学の分野でかなり重要でした。だけど今でもドイツ語を勉強することは意味がありますか？

ド 言葉を学ぶこと自体に意味があると思います。視野が広がりますし、自身の言語についても同時に学ぶことができます。

日 それはそうですけど。それは置いておいて、ドイツ語はどの分野で使われていますか？

ド うーん、登山の分野でよく使われていますけど。

日 あっ、確かに！　ゲレンデ、カラビナ、ピッケル、ワンダーフォーゲル、ブロッケン…。

ド こうした用語を聞くと、ちょっとおかしな気がします。それに、アニメにもドイツ語の単語がしょっちゅう出てきますね。

日 そうだね！　ドイツ語の響きはすごくクールだもんね！

ド 本当にそう思う？　自分にとってはごくふつうなんだけど。

日 あたりまえじゃない。ドイツ人なんだから。私たちにとっては、「シュヴァルツ」「ゲガンゲン」「クーゲルシュライバー」「ヴァルプルギス」なんかかなりクールだよ。少しドイツ語がわかってきて、アニメを見るのが楽しくなってきたよ。

ド ドイツ語を楽しく学んでくれて、本当にうれしいよ！

キーワード⑤

Yoko Tawada

多和田葉子。日本生まれの小説家。1982年からハンブルクやベルリンに住みながら執筆活動を続けている。独日の2言語で詩や小説を書き、世界中でも読まれている。母語（日本語）の外に出て、日本語で書くとはどういうことかを探求し続けている。代表作に『犬婿入り』（芥川賞受賞）。またドイツには朗読会文化が浸透しており、朗読会に多数出演している。

Duden

ドゥーデン。ドイツ語の辞典として有名で、公式の正書法辞典とされる。1872年にコンラート・ドゥーデンが創始した。同義語、発音、語源、類語など様々な種類の辞書が出されている。ドイツ語中級以上の学習では欠かせない辞書となっている。最近ではスマートフォンのアプリにもなっているので、ものすごく便利。

Liechtenstein

リヒテンシュタイン侯国。首都はファドゥーツ。人口は38,000人ほど。1719年に神聖ローマ帝国により建国され、その後に独立。そして、1867年に永世中立国となり、軍隊を廃止している。また通貨はスイス・フランを使用している。国連には1990年に加盟した。

Schlesien

シュレージエンは、現在のポーランドとチェコ等にまたがる地域を指す。炭鉱が有名で、歴史的な係争地のひとつ。かつて18世紀には、プロイセンのフリードリヒ大王とオーストリアのマリア・テレジアらが領有権をめぐって複数回にわたって戦争を行った（シュレージエン戦争）。ドイツ系住民が多く、常にその帰属問題が取り沙汰された。今でもドイツ国内でシュレージエン復帰運動がある。ただし、ドイツ政府はオーデル川・ナイセ川の国境線を画定しているので、公式な復帰要求はない。

■著者プロフィール

鎌田タベア（かまだ・たべあ）

ベルリン生まれ。フンボルト大学で日本学を専攻、東海大学に1年間留学。元（公財）日独協会職員。約10年にわたる日本滞在の後、現在はベルリンでフリーランスの翻訳者として活躍中。

柳原伸洋（やなぎはら・のぶひろ）

東京女子大学歴史文化専攻准教授、アウクスブルク大学客員研究員。
専門はドイツ現代史・ヨーロッパ製品文化論。著書に『ドイツ文化事典』（編集幹事、丸善出版）、伸井太一の名義で『創作者のためのドイツ語ネーミング辞典』（ホビージャパン）などがある。ドイツ映画イベントや日独協会イベントなどにも出演多数。
Twitterアカウント：@nob_de

■校正協力
齋藤正樹、Matthias Wittig

■編集協力
公益財団法人日独協会

日本人が知りたいドイツ人の当たり前
ドイツ語リーディング

2016年9月20日　第1刷発行
2022年6月20日　第6刷発行

著　者　　鎌田タベア、柳原伸洋
発行者　　前田俊秀
発行所　　株式会社 三修社
　　　　　〒150-0001　東京都渋谷区神宮前2-2-22
　　　　　TEL03-3405-4511　FAX03-3405-4522
　　　　　https://www.sanshusha.co.jp
　　　　　振替 00190-9-72758
　　　　　編集担当　伊吹和真
印刷所　　株式会社平文社

ⓒ Tabea Kamada, Nobuhiro Yanagihara 2016 Printed in Japan
ISBN978-4-384-05851-2 C1084

[JCOPY]〈出版者著作権管理機構 委託出版物〉
本書の無断複製は著作権法上での例外を除き禁じられています。複製される場合は、そのつど事前に、出版者著作権管理機構（電話 03-5244-5088 FAX 03-5244-5089 e-mail: info@jcopy.or.jp）の許諾を得てください。

本文・カバーデザイン：ブレインズ・ラボ